P̶ ... 6. 95

Julia

.

C000122502

(la belle librairie)
la belle rue !...

JÉSUS, ILLUSTRE ET INCONNU

« *Spiritualités vivantes* »

JÉRÔME PRIEUR
GÉRARD MORDILLAT

JÉSUS, ILLUSTRE ET INCONNU

Albin Michel

Albin Michel
▪ *Spiritualités* ▪

Collection « Spiritualités vivantes »
dirigée par Marc de Smedt et Jean Mouttapa

Toutes les citations des Évangiles et du Nouveau Testament proviennent de la traduction de *La Bible de Jérusalem* (Éditions du Cerf, nouvelle édition, 1998).

Première édition :
© Desclée de Brouwer, 2001

Édition au format de poche :

© Éditions Albin Michel, S.A., 2004
22, rue Huyghens, 75014 Paris
www.albin-michel.fr
ISBN : 2-226-15189-3
ISSN : 0755-1835

Tu l'as dit.

Mt 26, 64

Jésus, illustre. C'est peu dire. Et toujours aussi fascinant.

Mais toujours inconnu.

Jésus aux mille visages n'en a aucun. Aucune mémoire, dans aucune archive, n'a été gardée de son aspect. Personne ne peut dire à quoi il ressemblait. Personne ne sait s'il était grand ou petit, maigre ou gros, beau ou laid... Les uns après les autres, des milliers de peintres et d'artistes ont projeté sur lui d'innombrables représentations. Depuis des siècles, ils comblent le vide, nous donnant, par leur nombre, l'illusion de l'avoir vu.

Jésus est un homme invisible. Son corps se confond avec tous les livres qui l'interprètent, le commentent, le racontent. C'est un corps écrit, c'est un corpus de textes.

Parmi les croyants eux-mêmes, combien sont ceux qui ont vraiment lu les évangiles, les épîtres de Paul, le Nouveau Testament ? Infiniment moins que ceux qui croient savoir qui était Jésus à travers l'histoire de la peinture, les images pieuses, les légendes profanes, les catéchismes de toutes sortes, y compris les plus laïcs.

Jésus est d'autant plus invisible qu'il est caché par les fausses évidences, les idées reçues, les préjugés, les habitudes de pensée, toute la tradition occidentale.

Jésus n'est pas caché parce que l'on nous tairait des secrets, mais parce que nous ne savons pas lire.

Il est caché par les écrits chrétiens eux-mêmes, par ce qu'ils veulent dire et ce qu'ils ne veulent pas dire, par les textes qui l'ont rendu illustre, et insaisissable.

C'est pourtant bien là, et nulle part ailleurs, qu'affleurent quelques traces de l'histoire de Jésus, du moins leur écho, entre les portraits inconciliables, les questions sans réponse, entre les lignes et les mots.

I

FILS DE MARIE

ERAM MARIE

Jésus a-t-il existé ou n'est-ce qu'un mythe ?

Jusqu'aux Encyclopédistes et aux philosophes des Lumières, la question de l'historicité de Jésus ne se pose pas. Ou de façon très marginale. Dans les pays où la civilisation mais aussi l'État reposent sur le christianisme, il va de soi qu'elle demeure tabou. Voltaire se contentera de voir en Jésus « un juif obscur de la lie du peuple, crucifié au temps de l'empereur Tibère ». Il n'ira pas au-delà. Mais, de la fin du XVIIIᵉ siècle jusqu'aux années 1950, à partir du moment où la religion cesse d'être une obligation pour glisser dans la sphère privée, cette question resurgit avec une extraordinaire vigueur, ouvrant la place à de nombreuses et violentes controverses. Au XIXᵉ siècle, des chercheurs qualifiés de « rationalistes » entreprennent de démonter rationnellement, scientifiquement, les fondements du christianisme en commençant par mettre en doute ce qui, à leurs yeux, n'est qu'un dogme de l'Église : l'existence de Jésus. Les rationalistes ont beau jeu de rappeler en effet que, d'une part, les historiens de l'Antiquité ignorent le personnage et, d'autre part, que dans l'ensemble des textes chrétiens réunis par le Nouveau Testament, les incohérences se disputent aux anomalies à chaque page. Pour eux la fraude, la supercherie du clergé au cours des siècles, sont manifestes. Jésus n'est qu'un mythe forgé pour attirer les crédules à l'Église.

Cette critique qui ravage des certitudes millénaires va avoir l'immense mérite de réveiller le débat intellectuel. Y compris parmi les chercheurs chrétiens. Non sans douleur, la contestation des rationalistes aura pour effet bénéfique de pousser la recherche à s'intéresser de très près aux textes eux-mêmes, aux textes en tant que tels. A les considérer comme plus ou moins porteurs d'histoire, faute de les accepter sans discussion comme des témoignages historiques. Ce changement d'optique est une révolution intellectuelle : la lecture théologique n'est plus l'unique clef de compréhension du Nouveau Testament.

Peut-on être certain de l'historicité de Jésus ?

Si Jésus de Nazareth n'était qu'un personnage imaginaire, pourquoi les évangélistes seraient-ils parfois si discordants d'un texte à l'autre ? N'auraient-ils pas dû donner de Jésus, avant tout une image cohérente, un portrait harmonieux, dans le souci primordial d'écarter les soupçons ?

Si ce Jésus avait été inventé pour jouer le rôle du sauveur qu'Israël attendait, pourquoi n'avoir pas vu en lui par exemple le héraut de la fin des temps (les modèles sont nombreux dans la Bible), pourquoi en faire une victime, pourquoi inventer l'échec de sa mission ?

Si Jésus permettait d'incarner la figure d'un réformateur radical du judaïsme, voire le créateur d'une nouvelle religion, pourquoi les quatre évangiles s'ingénieraient-ils à l'ancrer dans le judaïsme, et surtout s'emploieraient-ils à le faire désigner par ses juges et par ses bourreaux comme « roi des Juifs » ?

Si Jésus n'était qu'une fiction, un personnage héroïque destiné un jour à convertir l'immense Empire romain, pourquoi le faire mourir sur la croix, supplice qui désignait aussitôt les Romains comme les auteurs de sa mort ?

Pourquoi tant de complications, de contorsions ? Pourquoi tant de perversité ?

Ce sont au contraire toutes ces difficultés à résoudre, du point de vue de ceux qui avaient à écrire l'histoire de Jésus, qui plaident en faveur de l'authenticité historique. Et tout particulièrement le souvenir de la crucifixion, suplice horrible et infâmant.

C'est paradoxalement parce que les textes chrétiens ont conservé ces traces gênantes, que l'historicité même de Jésus, contrairement à ce que prétendaient les rationalistes, est difficile à mettre en cause – bien qu'il n'existe aucune preuve positive.

Rappelons que jamais les adversaires du christianisme aux premiers siècles, qu'ils soient juifs ou païens, n'ont mis en cause l'existence de Jésus. Ils ont combattu la doctrine de ses disciples qui voyaient en lui le Christ, le Messie, voire Dieu incarné, mais ils n'ont jamais contesté la réalité de sa personne.

En dehors des évangiles, qui connaît Jésus ?

Trois historiens romains sont d'ordinaire cités comme témoins : Tacite, Suétone, Pline le jeune. Tous écrivent au début du IIe siècle. Tacite dans les *Annales*, Suétone dans

La Vie des douze Césars, Pline le Jeune dans une lettre à l'empereur Trajan : les trois historiens confirment ce que l'on sait par ailleurs, qu'à ce moment là, ou auparavant peut-être, un mouvement s'est constitué dont on ignore l'importance exacte. Il faut en déduire que des sujets de l'Empire, juifs ou non mais de mauvaise réputation, qualifiés de « chrétiens », sont accusés par les Romains d'être les adeptes d'une « superstition ». Si les trois, à quelques variantes près, mentionnent un certain *christos, christus* ou *chrestus,* aucun d'entre eux ne connait en fait le nom de Jésus. Aucun d'eux ne le prononce. Seule la tradition chrétienne associera systématiquement le mot « christ » à Jésus mais, à la lettre, ce rapprochement n'est jamais effectué par les historiens romains.

Faut-il s'en étonner ?

Certainement pas. Seule l'histoire ultérieure de la chrétienté rend troublante cette absence de Jésus. L'Antiquité a laissé dans l'obscurité des millions d'individus. Comme la quasi-totalité de ses contemporains du premier siècle de notre ère, Jésus n'a laissé ni sépulture ni acte d'état civil. Pourquoi les historiens romains le connaîtraient-ils ?

Outre que le sort des pauvres diables vivant aux marges de l'Empire ne les préoccupe pas, la mort de milliers de condamnés est passée elle aussi complètement inaperçue des chroniqueurs. S'en émouvoir serait aussi sérieux que leur reprocher de ne pas avoir su lire dans l'avenir.

Et Flavius Josèphe ?

Pour comprendre les doutes que l'on peut avoir sur la valeur du témoignage traditionnellement attribué à l'historien juif Flavius Josèphe, le mieux est d'examiner attentivement le célèbre passage du Livre XVIII des *Antiquités juives*.

Au milieu de cette histoire du peuple juif publiée à Rome au début des années 90 de notre ère (mais dont les originaux sont perdus), Flavius Josèphe aurait écrit une notice biographique que les exégètes ont coutume de désigner sous l'appellation savante de *testimonium flavianum* :

« Vers le même temps survint Jésus, habile homme si du moins il faut le dire homme. Il était en effet faiseur de prodiges, et maître des hommes qui reçoivent avec plaisir des vérités. Il se gagna beaucoup de Juifs et aussi beaucoup du monde hellénique. Le Christ, c'était lui. Et, Pilate l'ayant condamné à la croix, selon l'indication des premiers d'entre nous, ceux qui avaient été satisfaits au début ne cessèrent pas. Il leur apparut en effet le troisième jour, vivant à nouveau, les divins prophètes ayant prédit ces choses étonnantes et dix mille autres merveilles à son sujet. Et jusqu'à présent la race des chrétiens, dénommée d'après lui, n'a pas disparu. »

A supposer qu'il ait entendu parler de Jésus, comment Flavius Josèphe, ancien général de la résistance juive passé aux Romains, pourrait-il laisser venir sous sa plume des phrases comme : « si du moins il était un homme », « le Christ c'était lui », affirmer qu'il était ressuscité ou voir en lui celui dont les prophètes avaient annoncé la venue... ?

Ces affirmations étaient si improbables que les chercheurs persuadés de l'authenticité ont essayé de distinguer dans le fameux *testimonium* ce qui pouvait être d'origine de ce qui avait, à l'évidence, été ajouté. Mais sur le fond leur démonstration n'est guère convaincante, pas plus que celle qui s'appuie sur une variante du texte de Flavius Josèphe, écourté de façon importante, retrouvé il y a seulement quelques années dans un manuscrit écrit en arabe. Agapios, l'évêque de Hiérapolis au xe siècle, rapporte d'une autre manière le passage, édulcorant l'éloge rendu à Jésus et s'abritant derrière le témoignage de ses adeptes : « Ils racontèrent qu'il leur apparut trois jours après sa résurrection et qu'il était vivant. Peut-être était-il le Messie (ou : était-il considéré comme le Messie) au sujet duquel les prophètes avaient dit des merveilles. »

Il y aurait donc une version authentique ?

La version courte du *testimonium* a certes l'avantage d'être plus concise, donc d'être plus prudente ou moins invraisemblable. Remarquons tout de même que le « témoignage » d'Agapios n'apparaît que huit ou neuf siècles après la rédaction par Flavius Josèphe des *Antiquités juives...*

L'essentiel n'est pas là.

Les raisons d'être grandement perplexe tiennent au texte lui-même.

Comment admettre, premièrement, comme un fait de notoriété publique que Jésus aurait eu pour disciples « beaucoup de Juifs et d'autres nations » ? « Beaucoup », même dans les écrits du Nouveau Testament, est un terme toujours excessif lorsqu'il s'agit de Jésus. Quant à prétendre que Jésus aurait pu s'adresser aux non-juifs, c'est un comportement qui n'aurait pas manqué d'être mis en avant, si tel avait été le cas, tant il semble étranger au judaïsme palestinien du Ier siècle. Les évangiles eux-mêmes ne s'aventurent qu'exceptionnellement sur cette voie. C'est en revanche une préoccupation typique de la période qui s'ouvre avec les années 80-90.

Deuxièmement, le grand projet de Flavius Josèphe était de démontrer par l'histoire que l'avenir d'Israël passait par Rome, que l'Empire était pour le judaïsme un facteur de progrès et de civilisation, et qu'il voulait y contribuer.

Comment dès lors aurait-il pu écrire de gaieté de cœur que Jésus avait été un homme bon, sage et vertueux ? Et aussitôt après, à la phrase suivante, que le gouverneur romain « le condamna à être crucifié et à mourir » ? Ne serait-ce pas là un abus de pouvoir exorbitant du représentant de Rome ? Or ce fait du prince révoltant, à en croire la brève notice, laisse indifférents aussi bien l'historien pro-romain que les juifs gagnés à la cause de Jésus.

Subsidiairement, comment se ferait-il que Flavius Josèphe qui s'intéresse à tout ce qui concerne l'histoire récente de son peuple – au point d'en être pour la période du rer siècle le témoin capital – ne s'intéresse jamais ailleurs dans *Les Antiquités juives* comme dans *La Guerre des Juifs,* son autre grand livre, ni à cet homme remarquable ni à ses dires, ni surtout aux nombreux disciples que Jésus semble déjà avoir suscités et qui auraient été les contemporains de Flavius Josèphe (né en 37 et mort en 100) ?

Le plus simple ne serait-il pas d'en conclure que, de son vivant, Flavius Josèphe n'a rien observé de comparable ?

Quelle que soit la version du *testimonium* que l'on choisisse, quels que soient les morceaux que l'on en retranche, les arguments contraires à l'authenticité s'accumulent :

– le paragraphe est une incise qui s'intercale brusquement dans le corps du chapitre sans aucun lien avec les deux épisodes qui l'encadrent, et qui illustrent chacun l'incompréhension dont sont victimes les Juifs ;

– le petit récit reprend le schéma des récits chrétiens primitifs sur Jésus, il est comme une variation de leur credo ;

– les historiens romains curieux de renseignements et, plus encore, les Pères de l'Église du IIᵉ et du IIIᵉ siècle ne font jamais état du *testimonium flavianum*. Le premier à s'y référer sera Eusèbe de Césarée dans son *Histoire ecclésiastique,* en 325 seulement (sans compter que nous ne disposons d'aucune copie manuscrite des *Antiquités juives* avant le IXᵉ siècle).

Ou alors il faudrait supposer avec l'historien anglais Thackeray que Flavius Josèphe avait bien écrit une notice sur Jésus, mais très ironique. Et c'est ce texte qui aurait été savamment déplacé, retourné, christianisé.

C'est donc un faux ?

Pour inauthentique qu'il soit, le *testimonium flavianum* que nous connaissons n'est pas même un faux, au sens moderne du mot.

Les scribes et les moines chargés de recopier les grands textes de référence, les copistes chrétiens qui ont dû introduire cet ajout ont probablement été animés d'une bonne intention : il leur fallait à ce prix réparer l'« oubli » de l'historien juif qui, *a posteriori,* devait leur sembler littéralement inconcevable.

La vraie question est de se demander à quoi bon tant d'acharnement. Pourquoi s'accrocher presque désespérément, comme à une relique, à l'authenticité du *testimo-*

nium ? C'est que l'historien Flavius Josèphe est censé offrir ce que les historiens païens n'offrent pas, à savoir un portrait de Jésus lui-même.

Un portrait particulièrement proche chronologiquement de son modèle, mais surtout un portrait censé être objectif, un portrait impartial contrairement aux évangiles. Et qui plus est un portrait dont le prix est d'autant plus élevé que le peintre est un frère ennemi : c'est un autre juif qui rend hommage à Jésus, et un hommage chevaleresque. C'est aussi un juif converti à Rome qui légitimerait par avance ce qui sera la conversion de l'Empire tout entier au IVe siècle à la suite de l'empereur Constantin.

Les chrétiens doivent s'y résigner et renoncer à voir dans l'œuvre de Flavius Josèphe un « cinquième évangile ». Cet évangile n'existe pas.

Les documents qui existent en revanche sur Jésus, et c'est une source considérable qui n'a aucun équivalent dans la littérature de l'Antiquité, sont l'évangile selon Marc, l'évangile selon Matthieu et l'évangile selon Luc (que l'on appelle aussi les évangiles synoptiques), et l'évangile selon Jean, sans compter les autres textes, les uns « canonisés » c'est à dire reconnus par le Nouveau Testament, les autres, parfois tout aussi anciens, qui sont devenus « apocryphes » (c'est-à-dire cachés) parce qu'ils n'ont pas été intégrés parmi les textes acceptés par l'Église.

Que sait-on de Jésus ?

De Jésus, nous ne savons avec certitude que presque rien. Un rien qui est toutefois bien plus riche que ce qui

concerne le destin de tous les autres personnages sans
titre, sans nom, sans fortune qui ont peuplé l'Antiquité.

Aujourd'hui comme hier, les évangiles sont nos seuls
documents, même si à l'occasion les Actes des Apôtres
ou les épîtres de Paul permettent de préciser, sommaire-
ment, l'identité de Jésus. Seuls les textes chrétiens sont
là. Seule notre façon de les appréhender peut évoluer,
tout en sachant bien qu'il est à peu près impossible qu'une
découverte fondamentale puisse bouleverser un jour nos
conclusions ou nos présomptions.

Devant les textes, la question doit rester inlassablement
identique : ce que nous savons ou croyons savoir de Jésus,
comment le savons-nous ?

Jésus est-il né le 25 décembre ?

Jésus a vécu il y a environ 2000 ans, au début du
premier siècle de notre ère. C'était un juif de Galilée, la
région au nord du pays d'Israël. Il est mort à Jérusalem
dans les années 30, crucifié par les Romains lors du
préfectorat de Ponce-Pilate.

C'est au IVe seulement, après bien des débats et bien
des controverses qu'a été choisie la date de naissance de
Jésus, Noël ou la Nativité, en substitution de la fête qui
célébrait le solstice d'hiver. Ce choix religieux ne repose
sur aucun élément historique, mais sur une convention.
Personne ne sait – et peut-être lui-même l'ignorait-il – à
quelle date est né Jésus.

Sait-on au moins en quelle année ?

La date de naissance de Jésus que l'on peut lire ici et
là, et jusque dans les manuels scolaires, n'a aucunement

le caractère historique qu'on lui prête. C'est une possibilité, ou plutôt une hypothèse. En aucun cas une certitude.

Ainsi la référence à l'an − 4 est-elle une conjecture. C'est une reconstruction. Elle se fonde sur une incise de l'évangile de Matthieu qui note que la naissance de Jésus eut lieu « au temps du roi Hérode » (Mt 2,1). Or Hérode le Grand a régné une trentaine d'années sur la Judée et la Galilée, jusqu'en l'an − 4. C'est donc de façon tout à fait arbitraire que le terme de son règne a été choisi comme point de départ de la vie de Jésus.

A se fier à Matthieu, Jésus a pu tout aussi bien naître en − 5, en − 6, en − 7, en − 8...

Où les choses se compliquent c'est que Matthieu est le seul à avancer ce repère chronologique pour situer la naissance. L'évangile de Marc n'en comporte aucun, pas plus que celui de Jean. Quant au calcul de l'an 1 de l'ère chrétienne qui fut l'œuvre d'un moine romain au VIe siècle et sur lequel nous vivons toujours en Occident, il ne s'appuie pas sur les dates induites par l'évangile de Matthieu. Mais sur l'évangile de Luc.

Luc propose une chronologie notablement différente de celle de Matthieu. Indirectement son évangile semble indiquer, dès les premières lignes, que Jésus fut conçu « aux jours d'Hérode » (Lc 1, 5). Mais au chapitre suivant l'évangéliste fait référence à un recensement des populations édicté par les Romains à l'occasion duquel Marie donna naissance à Jésus. Ce recensement qui « eut lieu pendant que Quirinius était gouverneur de Syrie » (Lc 2, 2), Flavius Josèphe permet de le dater en l'an 6.

Jésus qui est né en l'an 6 selon l'évangile de Luc, n'aurait pas pu naître postérieurement à l'an − 4, si l'on se fie à l'évangile de Matthieu.

Une deuxième mention chez Luc semble pourtant fournir un autre point d'appui à la chronologie qu'il propose. « Jésus, lors de ses débuts, avait environ trente ans » (Lc 3, 23) peut-on lire plus tard tandis que l'évangile situe le commencement de l'activité publique de Jésus vers « l'an quinze du principat de Tibère César, Ponce Pilate étant gouverneur de Judée, Hérode tétrarque de Galilée, Philippe son frère tétrarque du pays d'Iturée et de Trachonitide, Lysanias tétrarque d'Abilène, sous le pontificat d'Ann et de Caïphe » (Lc 3,1).

Cette quinzième année du règne de Tibère correspond à l'an 28-29 (ou éventuellement à l'année précédente), alors que Jésus selon la chronologie de Luc n'avait qu'une vingtaine d'années. Pour que Jésus ait environ trente ans à cette période, il faudrait au contraire oublier ce que dit Luc de la naissance quelques pages plus tôt et aller puiser une confirmation dans l'évangile de Matthieu, passer d'un évangile à l'autre.

Où les choses se compliquent encore, c'est que l'on suppose maintenant que le préambule historique de l'évangile de Luc, cette toile de fond brossée à la façon des chroniqueurs de l'Antiquité, ne serait pas d'origine. Ce serait une pièce rapportée qui aurait été ajoutée au début du IIe siècle dans le souci vraisemblablement d'authentifier l'histoire de Jésus, de la replacer dans le contexte général de l'histoire de son temps.

Comment choisir entre ces dates ?

Que faire de ce trou d'au moins dix années entre Matthieu et Luc ? Surtout pas le combler, c'est-à-dire préférer tel évangile à tel autre.

Au nom de quoi, en effet, exclure l'une des chronologies, puisque rien par ailleurs ne permet de la confirmer ?

Tibère, Ponce Pilate, les fils d'Hérode le Grand, les grands-prêtres Ann et Caïphe sont les hommes illustres (à Rome ou en Palestine) dont la présence contribue à projeter sur Jésus, cet homme encore inconnu aux yeux du monde, un peu de leur lustre. Cela va sans dire qu'ils projettent aussi dans le climat d'incertitude d'où émerge Jésus des éclats, des repères, une conception du temps gréco-romaine bien plus que juive.

En utilisant des éléments de chronologie épars dans les évangiles, ces indications permettent de confirmer que Jésus a été contemporain de ces personnages (qui semblaient plus voués à la postérité que lui). Il a vécu lorsqu'ils exerçaient leurs fonctions et il est mort dans les années 30 de notre ère, au plus tard l'année 35, avant que Caïphe ne cesse d'être grand-prêtre du Temple de Jérusalem, et tandis que Pilate était encore gouverneur de Judée et Hérode Antipas monarque de Galilée.

Toute datation soi-disant exacte est donc illusoire, pour ne pas dire purement fantaisiste, contrairement à ce qu'affirment avec beaucoup d'autorité certains ouvrages. Il faut le répéter avec force.

Est-il si essentiel de connaître la date de naissance de Jésus ?

Peu importe au fond, mais ce qui est important c'est de s'interroger sur cette incertitude. Elle devait beaucoup moins dérouter nos ancêtres que nous, habitués que nous sommes aux dates exactes et au découpage du temps.

Au regard de l'histoire de l'humanité, la date de nais-

sance de Jésus est un détail sans importance. Au regard
de l'histoire de l'Occident, cette date est fondamentale :
sur elle repose la fixation de l'ère chrétienne.

Ce détail est très révélateur. Il prouve que les évangiles ne sont pas des documents historiques, au sens
moderne du mot, même s'ils entretiennent à l'occasion
cet espoir.

Du même coup, cela montre qu'il faut se garder d'avoir
de ces textes une lecture historique : elle consisterait à
procéder entre les uns et les autres à un tri que rien en
règle générale n'autorise.

Mais il serait tout aussi déplacé de rejeter ces textes
sur un plan historique sous prétexte qu'il est impossible
de prendre beaucoup de leurs affirmations à la lettre.

Mais quel est l'intérêt de ce détail ?

La date de naissance de Jésus est comme un fil qui
dépasse du texte. En tirant sur ce fil, c'est tout le tissu
qui nous apparaît.

Que révèle cette petite différence entre Matthieu et
Luc, et leur spécificité par rapport à Marc et à Jean ?
C'est que les évangiles sont des récits différents les uns
des autres, qu'ils ont probablement été écrits non pour se
compléter comme nous les lisons aujourd'hui mais pour
se contester, se rectifier, s'exclure peut-être, qu'ils correspondent à des projets et à des usages différents, à des
cultures, des mentalités, des groupes particuliers.

En rendant l'enfant Jésus contemporain du roi Hérode
le Grand, le dernier « roi des Juifs » (ses descendants
n'auront plus sous leur tutelle qu'un pays démembré),
l'évangile de Matthieu fait de Jésus un héritier présomptif

de ce trône, un rival symbolique (à tel point que Matthieu invente la légende d'un Hérode ordonnant la mise à mort de tous les nouveaux-nés). En rendant l'enfant Jésus contemporain d'un « édit de César Auguste ordonnant le recensement de tout le monde habité » (Lc 2, 1), l'évangile selon Luc fait de Jésus un être humain parmi les autres en même temps que l'être unique appelé à se distinguer du grand nombre.

La publication des récits évangéliques dans un seul volume, l'effet égalisateur de la copie puis de l'impression, donneront le sentiment d'un accord entre eux, d'une complicité même. C'est oublier que chacun des évangiles a été produit avec l'ambition de s'imposer comme seul et unique porteur de vérité, seul à être à la hauteur de son sujet.

Paradoxalement, c'est parce qu'aucun des quatre n'a réussi à supplanter les autres, qu'après des tractations plus ou moins difficiles, les quatre ont été admis comme « canoniques ». C'est-à-dire comme la règle de l'Église.

Cette « anomalie » (quatre textes au lieu d'un seul) s'avérera à l'usage extraordinairement performante puisque, prenant tantôt dans l'un, tantôt dans l'autre, l'Église et les théologiens y trouveront toujours un argumentaire, des réponses à la plupart des questions, une variété extraordinaire de niveaux, de degrés, de points de vue.

Pourquoi le Nouveau Testament n'a-t-il pas éliminé ces difficultés ?

Le plus extraordinaire, du moins pour nous, c'est que le Nouveau Testament, en englobant ces textes à l'intérieur d'un même livre, ait entériné ces divergences, ces contradictions (et il y en a dont les enjeux sont bien plus graves), sans jamais les réduire.

De même, au cours de la tradition chrétienne ultérieure, ces anomalies ont-elles été excusées ou interprétées, mais jamais supprimées.

La tentation, inévitable, de considérer les quatre évangiles comme une carrière d'où l'on peut extraire les matériaux nécessaires à la reconstitution de la vie de Jésus n'a même jamais quitté les exégètes, ces lecteurs patentés du Nouveau Testament. Mais le projet de recoller ensemble les morceaux provenant des quatre évangiles pour reconstituer un récit complet et harmonieux a toujours fasciné, sans parvenir à l'emporter. En témoigne une compilation qui a existé sous différentes formes et dans différentes langues, le *Diatessaron* nommé ainsi car il contenait quatre évangiles en un. Toute l'histoire de la peinture, les catéchismes, *La Légende dorée*, les *Vies de Jésus* n'ont cessé de populariser ce rêve jusqu'à nos jours.

Il faut au contraire naviguer à travers ces hiatus et ces silences, essayer de percevoir ces reliefs ou ces creux comme les indicateurs d'un texte enfoui, comme les symptômes d'un texte effacé.

Comment Jésus est-il né ?

La question de savoir quelles circonstances ont pu entourer la naissance de Jésus, avant d'être une question que nous nous posons aujourd'hui, est exactement l'une de celles que les évangélistes se sont posées.

Dire « les évangélistes » en l'occurrence est excessif, pour ne pas dire abusif.

Marc, celui qui invente le genre évangélique, est le premier à raconter sous forme d'une histoire, d'un récit de la vie et de la mort de Jésus, « l'évangile », étymologiquement « la bonne nouvelle », l'annonce du Royaume de Dieu. Le texte que nous connaissons est daté d'environ l'an 70, peu avant ou peu après, trente à quarante ans après la mort de Jésus. Bien qu'il soit traditionnellement placé en seconde position dans les éditions du Nouveau Testament, Marc précède donc les autres évangiles qui se sont définis par rapport à lui.

Or Marc ne s'intéresse qu'à l'existence de Jésus adulte.

Luc et Matthieu écrivent chacun leur évangile, du moins sous une forme définitive, vers les années 80-90, soit plusieurs dizaines d'années après les « événements » eux-mêmes.

Les deux évangélistes éprouvent alors une nécessité qui n'avait pas été ressentie jusque là, celle d'écrire l'enfance de Jésus. S'agissant de ces derniers, on a même forgé l'expression d'« évangile de l'enfance » qui s'applique aux deux préambules de leurs récits, comme à une partie autonome de l'histoire de Jésus. Autonome, elle l'est en effet non seulement sur le fond, mais par le style qui laisse penser que les deux prologues ont été ajoutés après coup au récit des deux évangiles, pour pallier un manque.

D'où vient la nativité ?

Aussi célèbre que celle de la crucifixion, la scène de la nativité projette jusqu'à nous une curieuse illusion d'optique. La grotte ou l'étable, l'âne et le bœuf qui

protègent le berceau, et même les bergers qui deviennent
« trois rois mages », Gaspard, Melchior et Balthazar qui
viennent adorer le nouveau-né n'existent nulle part dans
les évangiles canoniques.

On pourrait les chercher, ce serait en vain, même chez
Matthieu et Luc dont ils s'inspirent pourtant. C'est une
création des évangiles apocryphes à partir des VI⁰-VII⁰ siècles, dont les inventions successives seront rassemblées
à la fin du XIII⁰ siècle par *La Légende dorée* de Jacques
de Voragine, un auteur italien envers qui la chrétienté a
une dette immense. Plus que de tout autre texte, c'est de
ses écrits que naîtront l'immense majorité des représentations de la vie de Jésus. S'il devait y avoir un cinquième
évangile, plus qu'à Flavius Josèphe, il mériterait de lui
être attribué.

L'évangile de Matthieu avait ouvert la voie à la féérie.
Guidés par une étoile, les mages – métamorphosés chez
Luc en bergers conduits par un ange – sont évidemment
des symboles.

Qui sont les mages ?

Sages et astrologues, ils savent lire les manifestations
du ciel. Mais rien ne servirait de faire appel aux calculs
astronomiques de Kepler pour affirmer qu'une conjonc-
tion de Jupiter et de Saturne se produisit dans la constel-
lation du Poisson en l'an – 7 voire plus exactement le
17 avril de l'année suivante...

Chargés de présents, l'or, l'encens et la myrrhe qui
signifient l'Afrique, l'Asie et l'Orient, les mages sont les
émissaires du monde non-juif. Ce sont des païens qui, les
premiers, viennent rendre hommage au véritable « roi des

Juifs », contrairement à son peuple qui ne le reconnaît pas et l'ignore.

Les mages ne sont pas seulement des bienfaiteurs particulièrement éclairés. Ils sont porteurs d'une intention polémique. Au moment où s'écrit l'évangile de Matthieu, quelques dizaines d'années plus tard, probablement en Syrie dans la région d'Antioche, ces trois mages servent à légitimer la foi des premiers chrétiens qui ne sont pas d'origine juive.

Parallèlement, l'évangile de l'enfance propre à Matthieu confie à Jésus le rôle d'être un nouveau Moïse. Persécuté par Hérode comme Moïse, selon le livre de l'Exode, l'a été par Pharaon, il raconte que Jésus doit fuir pour échapper à la mort promise à tous les nouveaux-nés (et dont aucune source historique ne fait état). D'où le bref épisode de la fuite de Jésus et de ses parents, mais en Égypte. L'Égypte devient chez Matthieu l'exact contraire de ce qu'elle était pour le petit Moïse, une terre d'asile.

Ce qui est pour le moins paradoxal : des juifs cherchent la liberté dans le pays qui est pour eux le symbole même de l'esclavage ! Ce voyage n'est qu'un retournement rédactionnel de l'épisode biblique sans le moindre fondement historique.

On sait que l'Égypte a eu une grande importance dans la naissance du christianisme primitif (les papyrus les plus anciens des évangiles proviennent tous de cette région). Or les références explicites sont quasiment absentes de l'ensemble des écrits du Nouveau Testament. Cette fuite en Égypte que rien n'atteste est ainsi l'une de ces mentions rarissimes, comme un hommage rendu à cette communauté qui sera d'une grande importance dans le christianisme primitif.

*Pourquoi l'évangile de Luc raconte-t-il une autre his-
toire ?*

Du côté de l'évangile de Luc, la construction est beaucoup plus savante. Elle vise surtout à unir Jésus et Jean
le Baptiste, au point d'en faire des cousins.

Il faudrait citer tout le premier chapitre de l'évangile
de Luc pour mesurer combien l'auteur a poussé jusqu'à
l'extrême le parallélisme entre le destin de Jean le Baptiste et celui de Jésus : tous les deux naissent à la
même époque, le même ange annonce leur venue au
monde, leurs deux pères sont également surpris de la
nouvelle puisque ni la femme de Zacharie ni celle de
Joseph ne sont en état d'enfanter, l'une, Élizabeth, étant
trop âgée, l'autre, Marie, étant trop jeune, les deux
naissances sont miraculeuses, les enfants qui seront
« grands devant le Seigneur » reçoivent tous deux leur
nom de Dieu, l'un et l'autre descendent de David... La
similitude entre Jésus et Jean le Baptiste est telle qu'on
pourrait presque croire qu'il s'agit d'un seul et unique
personnage, à tout le moins de deux jumeaux nés du
même œuf.

De même que leurs mères chantent les strophes d'un
même cantique, peut-être faut-il, comme certains chercheurs l'ont observé, envisager l'hypothèse d'un « évangile » baptiste – c'est à dire d'un récit ou en tous cas
d'une tradition orale ou écrite, d'un hymne qui célébrait
Jean le Baptiste, voire le reconnaissait comme le Messie,
mais ignorait absolument Jésus.

Ce texte supposé n'aurait pas seulement été récupéré
par le rédacteur de l'évangile de Luc, il aurait été dédoublé afin de raconter le récit de la conception et de la

naissance de Jésus, récit qui n'a rien à voir avec l'histoire mais tout avec les pratiques juives d'écriture et de réécriture.

Où est né Jésus ?

La question du lieu de naissance de Jésus est moins simple qu'elle n'en a l'air.

A défaut du moindre registre d'état civil, là encore il faut se fier aux évangiles. Or à nouveau sur ce point, celui de Matthieu et celui de Luc diffèrent notablement de ceux de Marc et de Jean.

Marc ignore le nom même de Bethléem qui n'apparaît pas une fois dans son évangile. Même si cela est surprenant : il ne s'intéresse pas plus que Jean à la naissance et à l'enfance de Jésus.

Chez Matthieu, « Jésus étant né à Bethléem de Judée » (Mt 2,1), apprend-on incidemment. La proximité géographique entre Bethléem et Jérusalem n'étant que de quelques kilomètres, cela doit expliquer que le roi Hérode le Grand puisse se sentir menacé au cœur même de sa capitale et qu'il décide, dans le récit, de faire massacrer tous les innocents de cette petite bourgade. Chez Luc, c'est le recensement de Quirinius qui provoque le départ de Nazareth (où a eu lieu l'Annonciation) et le voyage vers Bethléem : « Et tous allaient se faire recenser, chacun dans sa ville. Joseph aussi monta de Galilée, de la ville de Nazareth, en Judée, à la ville de David, qui s'appelle Bethléem – parce qu'il était de la maison et de la lignée de David – afin de se faire recenser avec Marie sa fiancée qui était enceinte » (Lc 2, 3-5).

Est-ce plausible ?

L'argument administratif est évidemment fallacieux. Le recensement ordonné par les autorités impériales qui est d'ordre fiscal doit établir le lieu de résidence de chaque assujeti au paiement de l'impôt.

Faire naître Jésus à Bethléem ne relève pas de la topographie, c'est un signe. C'est voir en Jésus un successeur de David, c'est exprimer qu'il est venu au monde pour restaurer sur terre le royaume de Dieu.

Ce qui importe n'est pas de l'ordre de la vraisemblance, mais d'ordre symbolique : par Joseph, fût-il un faux-père, un père adoptif, Jésus doit apparaître comme un descendant de David, roi et prophète à la fois, souverain de la terre d'Israël quand le royaume terrestre de Yahvé n'était ni occupé par les païens, ni divisé entre le Nord et le Sud, entre la Judée, la Galilée, la Samarie. Il faut indéniablement voir l'influence de cette tradition dans l'épître de Paul aux Romains lorsqu'elle précise que Jésus est « issu de la lignée de David selon la chair » (Rm 1, 3).

Il est du reste très significatif de lire la première question que les disciples posent à Jésus ressuscité au début des Actes des Apôtres, livre qui constitue en quelque sorte la suite de l'évangile selon Luc, le deuxième tome de l'œuvre du même auteur. Réunis à Jérusalem, les disciples l'interrogeaient ainsi : « Seigneur, est-ce maintenant le temps où tu vas restaurer la royauté en Israël ? » (Ac 1, 6). C'est cette question qui traverse tout le récit de Luc et qui s'inscrit, notamment, dans l'arrière-plan du lieu nommé Béthléem.

Le voisinage avec Jérusalem est en outre mis à profit par l'évangéliste Luc. Des quatre évangiles c'est celui qui fait la part la plus forte à la Ville sainte.

Luc est aussi le seul à rappeler que huit jours après sa naissance Jésus a été circoncis comme le veut le Deutéronome, mais aussi présenté au Temple (bien qu'il confonde allègrement les différents rites juifs de purification prescrits les uns par le Lévitique, les autres par les Nombres ou l'Exode...), pour insister sur la grande piété et l'observance très stricte qui marquent les débuts de Jésus.

Et Nazareth ?

Luc conclut justement cette incursion à Bethléem et à Jérusalem, en Judée, par un retour en Galilée, au pays des parents de Jésus : « Et quand ils eurent accompli tout ce qui était conforme à la loi du Seigneur, ils retournèrent en Galilée, à Nazareth, leur ville » (Lc 2, 39). La boucle est bouclée, mais on sent ce que cette expédition loin de Nazareth a de forcé.

Chez Matthieu, un même embarras se devine dans le texte. L'ange du Seigneur apparaît à Joseph qui s'est réfugié en Égypte et lui ordonne de revenir avec les siens sur la terre d'Israël car Hérode le Grand est mort. Mais apprenant que son fils régnait sur la Judée, Joseph craint de s'y rendre. « Averti en songe, il se retira dans la région de Galilée, et vint s'établir dans une ville appelée Nazareth ; pour que s'accomplît l'oracle des prophètes : Il sera appelé Nazôréen » (Mt 2, 22-23).

Cette affirmation apparemment rassurante pose plus de problèmes qu'elle n'en résout.

L'oracle des prophètes n'a jamais été retrouvé dans la Bible. C'est sans aucun doute un faux verset biblique, une invention de l'évangéliste.

Ce n'est pas tout.

L'adjectif « nazôréen », *nazôraios*, que l'on traduit aussi par « nazaréen », est utilisé en dehors de l'évangile de Matthieu par celui de Jean, par Luc également, quelquefois dans son évangile et systématiquement dans les Actes des Apôtres. Il semble apparaître ailleurs sous la forme *nazarenos*, « nazarénien », qu'emploient toujours l'évangile de Marc et à deux reprises celui de Luc, mais qu'on ne lit jamais chez Matthieu et chez Jean.

Les philologues n'ont pas pu déterminer si ces deux dénominations qui transcrivent le grec sans le traduire pouvaient provenir de la même origine.

Quelles sont les étymologies possibles ?

Que l'on remonte à l'hébreu *nazir* (sanctifié, consacré) qui veut que le Saint de Dieu soit prédestiné depuis sa conception (Samson, par exemple, est « nazir »), au verbe *natzar* (garder, observer) qui désigne une observance très stricte de la Loi, ou à *netzer*, le « rejeton », qui serait une référence au chapitre I du livre d'Isaïe annonçant qu'un « rejeton » de la descendance de David régnera sur le pays, l'étymologie renvoie toujours à une mission sacrée.

Pline l'Ancien signale, au livre V de ses *Histoires naturelles*, l'existence de nazôréens installés dans la province de Syrie vers les années 50 avant notre ère : Jésus aurait-il été surnommé « le nazôréen » parce qu'il appartenait à cette secte juive, dans le sillage des mouvements baptistes ? « Il y eut des nazôréens avant le Christ, c'est l'évidence même », rappelle au IVe siècle dans son traité *Contre les hérésies*, Épiphane. Lequel ajoute surtout : « Les chrétiens étaient connus de tout le monde sous le

nom de nazôréens (ou nazaréens). La preuve en est que
dans le Talmud, cette dénomination sert à qualifier les
chrétiens. » En arabe, encore aujourd'hui, les chrétiens
sont des « nosrims », des nazôréens.

Après la mort de Jésus, le terme *nazôréen* aurait été,
lui, en usage à Jérusalem et en Palestine pour désigner
parmi les « chrétiens » ceux qui se continuaient à se réclamer du judaïsme. L'adjectif « nazôréen » (ou « nazarénien ») peut donc *a posteriori* avoir été appliqué à Jésus
pour faire rejaillir sa légitimité sur ceux qui se récla-
maient de lui, ou sur ceux que l'on qualifiait ainsi.

Ce qui est certain en tout état de cause, c'est que
l'etymologie du mot « nazôréen » ne peut en aucun cas
dériver du nom de la ville de « Nazareth ».

Ce qui complique encore les données du problème,
c'est qu'aucun document ancien, romain, grec ou juif ne
mentionne le village de Nazareth. Nazareth n'apparaît
nulle part dans la Bible ni dans les écrits de Flavius
Josèphe qui cite pourtant un grand nombre de bourgades
de Galilée. Est-ce la raison pour laquelle l'évangile de
Jean met dans la bouche de Nathanaël, l'un des tout
premiers disciples, cette étrange interrogation : « De
Nazareth, peut-il sortir quelque chose de bon ? » (Jn 1,
46).

Sous la basilique de l'Annonciation et à proximité
immédiate, des fouilles ont permis de mettre à jour des
vestiges mais les plus anciennes traces archéologiques ne
remontent pas en deçà du IIᵉ siècle de notre ère.

Cela signifie-t-il que du temps de Jésus, Nazareth
n'existait pas encore, et que c'est à partir du surnom de
Jésus que le nom de la localité aurait été créé ? Ou que
le village de Galilée où Jésus a vécu n'était pas situé

exactement à l'endroit où les pèlerins le vénèrent aujourd'hui ?

Quoiqu'il en soit, il demeure que la dénomination « Jésus de Nazareth » constitue une dénomination étonnante dans la Palestine du 1er siècle, et plus encore si Nazareth au lieu d'être un endroit facilement identifiable – comme Bethléem – était une provenance mineure, un lieu qui ne signifiait rien pour personne... L'appellation « Jésus le Galiléen » ou « Jésus de Béthléem » aurait été bien plus plausible, ou mieux encore : « Jésus, bar Joseph », « Jésus fils de Joseph ».

Que sait-on des parents de Jésus ?

Joseph et Marie sont connus comme le père et la mère de Jésus.

Le cas de Joseph pose des problèmes spécifiques.

A y regarder de près, dans les évangiles canoniques son rôle est celui d'un père absent.

Presque exclusivement, Joseph n'apparaît que dans les récits de l'enfance : moins d'une dizaine de fois chez Luc et cinq fois dans le premier chapitre de l'évangile de Matthieu. Si l'on se fie à cette tradition, Joseph ne serait pas à proprement parler « le père » de Jésus, ce qui expliquerait la modestie de sa figuration. Il n'est pas son géniteur. Il n'est que son père adoptif, son père nourricier, son père légal, celui qui assume la paternité et accepte l'enfant sous son toit avant de s'effacer très rapidement des récits.

En dehors de cet épisode, le nom de Joseph apparaît en effet exceptionnellement chez les deux évangélistes.

Chez Luc, lorsque Jésus enseigne dans la synagogue

de Nazareth, les fidèles s'étonnent : « N'est-il pas le fils de Joseph, celui-là ? » (Lc 4, 22). Chez Matthieu, la scène se reproduit dans les mêmes circonstances, mais de façon implicite : « D'où lui viennent cette sagesse et ces miracles ? Celui-là n'est-il pas le fils du charpentier ? » (Mt 13, 55), se demande-t-on. Autant chez l'un que chez l'autre, Joseph apparaît donc plus tard, certes implicitement, comme le vrai père de Jésus, bien que l'assistance semble apparemment surprise par le savoir dont fait preuve le fils par rapport au père.

Le dossier est donc très mince

Dans l'évangile de Jean, deux allusions permettent d'écarter la discussion sur sa paternité, comme si la question ne se posait pas. Ou comme s'il ne fallait pas qu'elle se pose. Joseph est le père de Jésus. Mais un père effacé du récit (d'où l'hypothèse qu'il était mort).

Quant à l'évangile de Marc, le personnage de Joseph en est totalement écarté. L'absence paternelle est portée à son comble. On peut en déduire que Marc ignorait purement son existence. Mais à l'inverse, comme son évangile ne comporte pas de récit de naissance miraculeuse, on peut tout aussi bien soutenir que, lorsqu'il écrivait, la filiation biologique de Jésus ne faisait pas le moindre doute. Pour Marc, qui écrit en premier, Jésus n'est pas une sorte de dieu grec, mais un homme de chair et de sang, un juif de Palestine !

Les généalogies que Luc et Matthieu empruntent à d'autres traditions ou qu'elles dressent eux-mêmes complètent le portrait de Jésus, mais ne simplifient pas la situation.

Chez Matthieu, Jésus est dit « fils d'Abraham et de David » dont descend Joseph, lequel est présenté comme

« l'époux de Marie, de laquelle naquit Jésus, que l'on appelle Christ » (Mt 1, 16). Quant à la généalogie que restitue l'évangile de Luc, elle commence par Jésus qui était « à ce qu'on croyait, fils de Joseph, fils d'Héli [etc.] » (Lc 3, 23).

Même si elles ont une fonction symbolique et non réaliste, elles s'arrangent certes toutes les deux pour réserver une place à Joseph. Mais ces constructions généalogiques ne dissimulent pas une sorte d'embarras à l'égard de son personnage. En outre, bien que le code généalogique exclue le plus souvent la filiation par les femmes, Matthieu insère quatre d'entre elles, Thamar, Rahab, Ruth et Berschéba... Leur point commun est d'être toutes prostituées ou adultères, toutes mères irrégulières d'un « fils de David ».

Et Marie ?

Dans l'évangile de Marc, il est particulièrement surprenant d'apprendre que Jésus est connu comme le « fils de Marie » (Mc 6, 3).

Plus que tout autre, c'est un indice qui a pu étayer le soupçon d'une naissance illégitime de Jésus. Puisque, dans la tradition juive le fils doit être identifié par référence au nom de son père, jamais à celui de sa mère, Jésus aurait pu être un enfant naturel, un bâtard.

De même, c'est littéralement et non métaphoriquement qu'il faudrait entendre l'insulte que lui lancent ses adversaires dans l'évangile selon Jean : « Nous ne sommes pas nés de la prostitution ! » (Jn 8, 41). De fait, plus tard, Marie fut accusée d'avoir été la maîtresse d'un soldat romain, elle fut traitée de courtisane, de prostituée, on alla même jusqu'à insinuer qu'elle avait entretenu une liaison incestueuse avec son frère ! On ne sait si ces accusations qui se sont propagées jusqu'à la fin du Moyen Age, très probablement en réaction au culte de la Vierge, poursuivaient déjà Jésus de son vivant.

Quelles ont été les relations de Jésus avec sa mère ?

Les rapports de Jésus avec sa mère sont dans le récits évangéliques d'une brutalité qui étonne toujours.

Lorsqu' il s'agit d'elle, c'est toujours pour la dénigrer : « Qui sont ma mère et mes frères ? » (Mc 3, 33), s'exclame-t-il dans l'évangile de Marc. Dans celui de Luc, tandis qu'il marche vers Jérusalem, Jésus croise une femme qui chante les louanges de sa mère : « Heureuses les entrailles qui t'ont porté ». Elle s'attire immédiatement cette foudroyant réplique : « Heureux plutôt ceux qui écoutent la parole de Dieu et l'observent » (Lc 11, 27-28). Lorsqu'il s'adresse à Marie, Jésus la rabroue plus qu'il ne lui parle. Il ne l'appelle jamais « mère » mais toujours « femme » comme s'il s'agissait d'une esclave ou d'une domestique : « Que me veux-tu, femme ? » (Jn 2,3).

Son personnage est indiscutablement maltraité, voire méprisé. Pas plus d'une dizaine de lignes ne lui sont consacrées dans l'ensemble des évangiles synoptiques et, mis à part les récits de l'enfance, de façon toujours négative, voire nettement hostile.

Comment expliquer alors que Marie tienne une place si considérable dans l'imaginaire chrétien ?

L'évangile de Jean procède à une relecture drastique des trois évangiles synoptiques (Marc, Matthieu, Luc).

Écrivant en dernier, l'évangéliste arrache le récit à son
origine populaire pour l'élever à sa haute théologie où le
Verbe s'est fait chair. Ce travail l'amène à se singulariser
en tout : sa chronologie n'est pas la leur, les miracles
qu'il relate ne sont pas les leurs et les dépassent de loin,
les figures qu'il met en scène prennent une dimension
extraordinaire. Ainsi, là où les synoptiques ne voyaient
près de la croix que « des femmes », Jean n'en voit
qu'une, Marie, la mère de Jésus.

Cette place de choix vaudra à Marie l'incroyable postérité qui est la sienne, d'autant que Jésus lui-même,
quand il est sur la croix, la confie à son mystérieux « disciple bien-aimé ».

Oubliant les rigueurs passées, dès le siècle suivant,
la littérature chrétienne apocryphe fera de Marie son
héroïne, la mère par excellence, l'image de l'Église.

A quel âge se mariait-on du temps de Jésus ?

D'après ce que l'on peut savoir des usages de l'époque
(usages encore visibles dans beaucoup de pays arabes),
c'est vers l'âge de 12 ou 13 ans qu'une fille pouvait être
mariée par son père. Lorsque Marie épouse Joseph,
contrairement à nos idées reçues, elle n'est pas une jeune
femme ni même une jeune fille : c'est une enfant.

C'est seulement à partir de la fin du XIIIᵉ siècle que la
figure évanescente de Joseph se mettra à prendre la
consistance d'un rôle, et c'est essentiellement les peintres
de la Renaissance qui l'aideront à y parvenir. La peinture
a ainsi beaucoup contribué à représenter Joseph, à l'incarner, à l'humaniser, mais aussi à le montrer en vieillard.
Les Pères de l'Église, les premiers théoriciens du chris-

tianisme, ont imposé cette image à la suite du Protévangile de Jacques, un apocryphe du IIe siècle dont l'auteur faisait dire à Joseph : « J'ai des fils, je suis un vieillard et elle, une toute jeune fille. »

Mais rien dans les récits évangéliques ne permet de supposer l'âge de Joseph.

Si l'on se réfère à la tradition juive le jeune homme devait être prêt pour le mariage à l'âge de dix-huit ans et rien n'indique que ce n'ait pas été le cas pour Joseph. Ce qui, d'ailleurs, serait en accord avec les visées théologiques de l'évangile selon Luc puisqu'au couple des parents de Jean le Baptiste, Élizabeth et Zacharie, deux vieillards stériles, doit faire pendant le couple des parents de Jésus, des jeunes gens vierges l'un et l'autre, Marie et Joseph...

Un temps d'ailleurs, à la suite de saint Augustin, cette vision prévaudra mais elle sera vite oubliée au regard des avantages qu'il y avait à imaginer Joseph en vieillard.

En effet, si l'époux de Marie était « vieux », il était facile de penser qu'il ne pouvait pas être le père biologique de Jésus mais, en revanche, qu'il pouvait avoir eu d'autres enfants d'un premier mariage, les fameux « frères de Jésus » qui ont tant embarrassé les théologiens catholiques. Sa vieillesse permettait aussi de justifier sa disparition des récits par une mort probable.

Que s'est-il passé entre Joseph et Marie ?

Au moment du mariage, un contrat liait les deux époux. Si la jeune épousée n'était pas encore pubère, elle devait demeurer encore un an sous l'autorité paternelle avant de passer sous celle de son mari. Ainsi l'évangile de Mat-

thieu peut-il présenter sans contradictions Marie comme
la « fiancée » de Joseph et parler de lui comme de son
« époux ». Pendant cette période intermédiaire, toute
relation sexuelle entre les deux époux était prohibée.

Selon l'évangile de Matthieu, avant que Joseph et
Marie n'aient mené une vie commune, Marie « se trouva
enceinte » et, s'empresse d'ajouter l'évangéliste, « par le
fait de l'Esprit Saint » (Mt 1,18).

Marie aurait-elle eu une aventure ? La visitation par
l'ange Gabriel ne serait-elle que le masque d'une visite
d'une autre nature ? En effet, cet ange se conduit de façon
scandaleuse au regard des règles de bienséance juive : il
s'adresse à une femme mariée sans témoins, en privé, et
va jusqu'à la saluer ! Autant de faits qui confinent à
l'adultère.

Cependant, Matthieu rapporte que, Joseph découvrant
la grossesse de sa femme, « étant un homme juste et ne
voulant pas la dénoncer publiquement, résolut de la répu-
dier secrètement » (Mt 1, 18-19).

Or en aucun cas, la répudiation ne pouvait constituer
un acte purement privé. Le Deutéronome est catégorique
à cet égard. Lorsqu'un homme voulait se séparer de sa
femme, il devait impérativement, avant de la renvoyer à
sa famille, lui adresser par écrit une lettre de répudiation
et la lui remettre en main propre. Mais seuls deux motifs
graves étaient jugés recevables : si la femme avait fait
montre d'impudicité ou si le mari avait découvert chez
elle un comportement « honteux ».

Si un mari soupçonnait sa femme d'inconduite, le livre
des Nombres prescrivait même qu'il lui fasse boire les
eaux d'amertume. « Et, lorsqu'il les lui aura fait boire,
s'il est vrai qu'elle s'est rendue impure en trompant son

mari, alors les eaux de la malédiction, pénétrant en elle, lui seront amères : son ventre enflera, son sexe se flétrira, et pour son peuple elle servira d'exemple dans les malédictions. Si au contraire elle ne s'est pas rendue impure et si elle est pure, elle restera indemne et elle aura des enfants » (Nb 5, 26-27).

Comment expliquer que Joseph n'ait pas eu recours à une telle ordalie puisque la Bible a prévu ce moyen de lever le doute, et qu'il agisse en secret ?

Et si Marie n'avait pas succombé aux charmes d'un inconnu, si elle avait été été violée ? Le Deutéronome a codifié minutieusement la plupart des situations imaginables en la matière. Si l'homme trompé est en droit de lapider, jusqu'à ce que mort s'ensuive, sa fiancée qui était vierge et son amant, il est expressément stipulé que la punition ne peut être appliquée en cas de viol, lorsque la victime n'a pu ni se défendre ni appeler au secours. « Si c'est dans la campagne que le jeune homme a rencontré la jeune fille fiancée, qu'il l'a violentée et a couché avec elle, l'homme qui a couché avec elle mourra seul ; tu ne feras rien à la jeune fille, il n'y a pas en elle de péché qui mérite la mort » (Dt 22, 25-26). Ce cas de figure s'accorderait mieux à la mansuétude dont Joseph témoigne à son égard.

Que penser de la virginité de Marie ?

Marie était une enfant, elle avait peut-être douze ans, treize ans au plus. C'était une enfant enceinte...

Dans l'évangile de Matthieu, la conception virginale de Marie trouve sa justification dans un verset biblique que cite l'ange du Seigneur qui apparaît en songe à

Joseph : « Or tout ceci advint pour que s'accomplît cet oracle prophétique du Seigneur : "Voici que la vierge concevra et enfantera un fils" » (Mt 1, 22-23).

En hébreu, le terme original qu'utilise le livre d'Isaïe d'où provient la citation de Matthieu (Is 7, 14) est *'almah*, c'est-à-dire « la jeune fille ». Les traducteurs de la Septante, la version grecque de la Bible hébraïque, l'ont traduit par *parthenos* (« vierge », « jeune fille », « jeune femme ») plutôt que par *neanis* (« jeune fille », mais de manière plus générale). Il n'est pas sans intérêt, à ce propos, de relever que le seul autre emploi du mot *parthenos* par la Septante est réservée à Dina, fille de Jacob, victime d'un viol.

Les rédacteurs de la Septante ont involontairement forcé le sens du texte d'Isaïe alors qu'en aucun cas le prophète ne mettait l'accent sur la virginité supposée de la mère, mais insistait sur le nom de l'enfant « Emmanuel » (en hébreu « Dieu avec nous ») comme garantie présentée au roi Ahaz : Dieu serait avec lui, constamment.

Il paraît d'ailleurs probable que Matthieu ait choisi pour les mêmes raisons ce passage d'Isaïe qu'il cite au tout début de son évangile. Il voulait affirmer que Jésus est bien le sauveur promis. La virginité de Marie n'est qu'accessoire.

Marie était une jeune fille, une vierge... Cela ne signifie pas qu'elle l'était encore lorsque Jésus est né.

Comment définissait-on une vierge ?

La notion même de « virginité » n'était évidemment pas la même pour des juifs du premier siècle que pour nous.

Ainsi, le traité *Tosephta* qui reflète l'enseignement d'un rabbin de la fin du premier siècle, précisait qu'il fallait appeler « vierge » « celle qui n'a jamais vu le sang, même si elle est mariée et a eu des enfants jusqu'à ce qu'elle ait vu sa première manifestation ». La virginité se serait définie alors par l'absence de règles (ce qui corrobore aussi la symétrie établie par l'évangile de Luc entre la grossesse d'Élisabeth et celle de Marie, la femme âgée étant stérile et la fillette n'étant pas encore fertile).

Qu'elle dissimule et déguise un fait réel, une grossesse involontaire ou prématurée, ou qu'elle soit purement une légende apologétique, cette conception « miraculeuse » de Jésus par la Vierge Marie deviendra au cours des siècles une part essentielle de la doctrine officielle de l'Église catholique. Au concile d'Éphèse, en 431, Marie sera proclamée Mère de Dieu, tandis que se formera progressivement la croyance qu'elle a été dès sa naissance préservée du péché originel, ce qui finira par devenir un dogme, le dogme de l'Immaculée Conception proclamé au milieu du XIXe siècle par le pape Pie IX.

Mais l'idée de la création virginale de Jésus n'est pas non plus une invention du christianisme, même si les chrétiens ont tout fait pour la distinguer radicalement des quelques conceptions extraordinaires que l'on peut déjà lire dans la Bible, mais aussi dans la mythologie de l'Antiquité.

Les Égyptiens reconnaissaient qu'il n'était pas impossible « que l'esprit de la divinité s'approche d'une femme et que, par sa vertu, il fasse germer en elle des principes de génération ». Dans *La Vie des Douze Césars*, Suétone rapporte comment Atia, venue célébrer le culte d'Apollon, fut nuitamment visitée par un serpent dans le lit conjugal et se trouva enceinte d'Auguste, en dehors de toute intervention de son mari.

Au IIᵉ siècle de notre ère, dans le dialogue imaginé par Justin, le rabbin Tryphon se moquait des croyances chrétiennes en brocardant les Grecs qui racontaient « que Persée naquit de Danaé qui était vierge, après que celui qui s'appelle chez eux Zeus s'était répandu sur elle sous forme de pluie d'or... » Dans *Les Métamorphoses*, Ovide faisait dire à la déesse Junon : « Plus d'un homme a fait son chemin jusque dans la chambre d'une honnête fille en prétendant qu'il était un dieu. »

Quel point de départ réel pourrait-on supposer ?

Il est vain et surtout hors de propos de vouloir se placer au niveau de « l'événement ».

Les sentiments, les pulsions, les pensées, les motivations qui animent les acteurs du récit ne peuvent être que des projections des lecteurs et des commentateurs du texte.

La question de la conception virginale n'est pas d'ordre gynécologique, il n'y a pas lieu de s'interroger sans fin sur la parthénogenèse, sur la procréation artificielle, sur la génétique... Rien n'autorise cette discussion sur le plan biologique, rien dans les textes eux-mêmes.

Les évangélistes n'en ont aucun souci. Pour eux, c'est-à-dire pour Matthieu et Luc, seul importe d'établir sa naissance miraculeuse qui place Jésus au-dessus des humains, son adoption par Joseph qui doit le rattacher à la maison de David, et le fait que, à l'instar de tous les plus hauts personnages de la Bible (Noé, Abraham, Moïse, Samuel, Samson) Dieu lui-même lui attribue son

nom « Jésus », *Yeshua, Yehoshua* qui, en hébreu, signifie « Dieu sauve, a sauvé, sauvera ».

Tandis que l'évangile de Matthieu faisait de Joseph le
destinataire du message de l'ange, Marie le reçoit, dans
l'évangile de Luc. Le discours que l'ange Gabriel lui tient
est, sans aucune ambiguïté, l'exposé d'un programme
théologique qu'il développe, qu'il précise par rapport à
celui de Matthieu. Mais Marie résiste, formule à voix
haute ce que le lecteur se dit plus bas : « "Comment cela
sera-t-il puisque je ne connais pas d'homme ?" L'ange
lui répondit : "L'Esprit Saint viendra sur toi, et la puissance du Très-Haut te prendra sous son ombre ; c'est
pourquoi l'être saint qui naîtra sera appelé Fils de
Dieu." » (Lc 1, 34-35).

D'où vient cette croyance ?

La conception virginale a permis de déchoir de sa
paternité le père biologique, qu'il soit connu ou inconnu,
de transformer en récit l'élection de Jésus, de mettre en
image sa filiation divine, de faire de lui, sans métaphore,
le Fils de Dieu. Elle a pris à la lettre une expression qui,
dans le judaïsme, peut s'appliquer à tout croyant, et en a
fait bénéficier un seul parmi les hommes.

Cette conception de la virginité comme vertu indépas-
sable est plutôt étrangère à la mentalité juive, et c'est
sans doute sous l'influence de la culture hellénistique
qu'elle a pu s'exprimer.

Quant à savoir quelle cause a provoqué quel effet, il
est impossible de déterminer si c'est pour couper court
aux calomnies dont Marie était la proie que la tradition
évangélique de la conception miraculeuse s'est mise en

place, ou si c'est l'affirmation de l'engendrement inexplicable de Jésus qui a entraîné les sarcasmes et les accusations à son encontre.

Pourquoi en douter ?

On peut simplement constater chez Matthieu et chez Luc un détail des plus curieux. Une fois énoncé, le récit de la conception extraordinaire de Jésus n'entraîne pas la moindre conséquence sur la suite de l'évangile. Il est sans incidence sur la biographie du personnage, comme on pourrait s'y attendre.

Dans l'évangile de Luc par exemple, lorsque Joseph et Marie retrouvent Jésus en train de discuter avec les docteurs de la Loi au Temple de Jérusalem, ils s'alarment : « Mon enfant, pourquoi as-tu agi de la sorte avec nous ? Vois, ton père et moi nous te cherchions angoissés. » Et il leur dit : « Pourquoi donc me cherchiez-vous ? Ne saviez-vous pas que je dois être dans la maison de mon Père ? » Et l'évangéliste de conclure : « Mais eux ne comprenaient pas la parole qu'il venait de leur dire » (Lc 2, 48-50), comme si, soudain, Joseph et Marie avaient tout oublié, rien su des conditions extraordinaires de la conception et de la naissance de leur fils...

Quant à Jésus lui-même, jamais il n'y fera allusion.

D'un autre point de vue, qu'y aurait-il eu d'impossible à ce que Jésus apparaisse sous le surnom de « Jésus, le fils de la vierge » (tout autant par vénération de ses disciples que par moquerie de ses détracteurs) ? Ce n'est jamais le cas.

Quant à l'apôtre Paul qui écrit une trentaine d'années avant les évangélistes Matthieu et Luc, il n'a visiblement connaissance de rien, d'aucun fait extraordinaire quant à la naissance de Jésus. Dans l'épître aux Galates, lui si peu prolixe en précisions biographiques, rappelle seulement qu'il est « né d'une femme » (Gal 4, 4) – alors qu'il avait toutes les raisons de proclamer, s'il l'avait su, s'il l'avait cru, que celui qui était pour lui le Fils de Dieu était né d'une vierge.

Il est plus que probable que les récits de la conception virginale ont dû, *a posteriori*, être ajoutés à deux des récits évangéliques de l'activité de Jésus. Ils n'existaient pas à l'origine, et n'appartenaient pas au corps de la doctrine primitive.

Jésus a-t-il eu des frères et des sœurs ?

Selon que l'on adhère ou non au dogme de la virginité de Marie, la question de savoir si Jésus a eu des frères et sœurs est ou n'est pas pertinente.

La Sainte famille (qui résonne probablement comme un équivalent humain de la Trinité) est une icône chère au catholicisme. Elle a toujours voulu laisser de côté une fratrie nécessairement encombrante. Mais la question des liens du sang ne posa aucun problème (théologique tout au moins) aux disciples de Jésus, à leurs successeurs, aux premiers chrétiens, et ce jusqu'au milieu du IVe siècle. C'est la preuve s'il en est que la doctrine de la virginité perpétuelle de Marie n'était pas une certitude universellement partagée et même qu'elle est restée inconnue pendant plusieurs siècles.

Au IVe siècle, Jérôme, Épiphane et Helvidius s'opposèrent vivement. Les deux premiers définirent à l'encontre du dernier plusieurs lignes de défense qui auront cours jusqu'au XXe siècle, laissant aux exégètes le devoir d'expliquer que les « frères » n'étaient que des « cousins » (mais, contrairement à l'hébreu, en grec le mot *adelphos* signifie uniquement « frère »). Ou alors qu'il s'agissait de demi-frères de Jésus, voire des fils du premier mariage de Joseph, ou encore que ceux qui suivaient Jésus, appartenant à la même famille spirituelle, s'appelaient tous « frères »...

La théologie nous a en effet accoutumés à voir en Jésus le Fils unique. Mais les évangiles ne manquent pas de dire que Jésus était le premier-né de Marie, laquelle eut ensuite toute possibilité d'avoir d'autres enfants.

Ce ne sont pas les évangiles apocryphes qui le prétendent (même si certains ne manqueront pas de rapporter sur eux des histoires de famille), ce sont bel et bien les évangiles canoniques. Ils écrivent noir sur blanc que Jésus eut des frères et des sœurs.

Les sœurs restent dans l'anonymat et l'on ignore combien elles étaient. Mais les frères de Jésus dont les Actes des Apôtres font état également ont un nom, une identité. Selon Marc et selon Matthieu, ils s'appellent Jacques, Joseph ou Joset, Jude ou Judas (c'est le même prénom en hébreu) et Simon (Mc 6, 3 et Mt 13, 55).

Le plus surprenant, en fait, n'est pas que Jésus ait pu avoir des frères comme beaucoup d'êtres humains, c'est d'une part que les évangiles ne cherchent pas à le cacher (il aurait été facile de gommer leur présence, de même qu'il n'était pas difficile d'éviter tout risque d'ambiguïté si ambiguïté il y avait). C'est peut-être surtout que le rôle de ces frères de Jésus, s'il est mineur dans les évangiles, n'est pas flatteur pour eux. Semblant n'éprouver aucun esprit de famille, ne témoignant d'aucune solidarité familiale, ils dénigrent Jésus et se rangent parmi ses adversaires. A l'inverse des disciples, ils manifestent indifférence ou hostilité. « Il est fou ! » (Mc 3, 21) s'écrient-ils dans l'évangile de Marc. « Ils ne croyaient pas en lui » (Jn 7, 5) peut-on lire dans l'évangile de Jean.

Écho fidèle de ce qu'ils ressentaient à l'égard de leur frère, apparaissant à leurs yeux comme une sorte d'illuminé ? Ou, pour s'écarter du terrain glissant de la psychologie, figures de catéchèse de la mauvaise parenté par opposition à la « vraie famille » de Jésus, enjeux d'un règlement de comptes *a posteriori* auquel se sont livrés certains groupes chrétiens à l'encontre de ce que l'on pourrait appeler le clan familial ?

Aucune des hypothèses n'est à exclure.

Après sa mort, que sont devenus les frères de Jésus ?

Deux des frères de Jésus « dit le Christ » ont laissé des traces importantes dans la littérature chrétienne des origines.

Indépendamment de la discussion que l'on peut avoir sur leur authenticité, deux épîtres ont été placées sous leur patronage et font partie intégrante du Nouveau Testament, l'épître de Jacques et l'épître de Jude – ou de Judas à strictement parler. L'évangile de Thomas, un évangile apocryphe qui semble refléter des traditions très anciennes, confie quant à lui les rôles-clefs de la communauté à laquelle il est destiné à Jacques et, plus encore à Jude-Judas, sorte de double de Jésus sur terre (il est aussi nommé Thomas ou Didyme, c'est-à-dire « jumeau » – en araméen, *toma*, comme en grec, *didymos*).

Mais Jacques, connu par la tradition chrétienne comme « le frère du Seigneur », est surtout mentionné par les

Actes des Apôtres et avant eux, vers les années 50, par
la première épître aux Corinthiens et l'épître aux Galates
de Paul. Contrairement à l'image négative qu'en donneront les évangélistes, Jacques dont la présence reste dis-
crète dans ces textes apparaît sans conteste comme une
personnalité capitale du mouvement chrétien primitif. Il
est présenté comme l'héritier naturel de Jésus après sa
mort, un successeur quasi-dynastique, et comme le rival
de Pierre à la tête de la synagogue chrétienne de Jérusalem. Ce que, plus tard, on appellera « l'église de Jérusalem ».

II

UN JUIF SECTAIRE ?

Jésus et Jean le Baptiste appartenaient-ils à la même famille ?

Si l'Église récuse le fait que Jésus ait eu des frères, elle lui reconnait un cousin, Jean le Baptiste... Un cousin suscité par Dieu pour lui ouvrir la route. Situation qui a tout à voir avec la théologie et rien avec l'histoire.

Historiquement, en effet, autant l'existence des frères de Jésus semble être une donnée qui n'a rien d'invraisemblable – des frères dont les évangiles ne savent pas bien que faire –, autant c'est un point de vue doctrinal qui inspire l'évangile de Luc quand il prétend établir un lien de parenté entre Jésus et Jean le Baptiste.

Luc est le seul auteur du Nouveau Testament à aller jusque là, mais les quatre évangiles ont deux points communs malgré des présentations divergentes.

D'une part, ils affirment le lien religieux entre le Baptiste et Jésus.

D'autre part, ils cherchent tous à marquer la supériorité de Jésus sur Jean le Baptiste.

En savons-nous plus sur Jean le Baptiste que sur Jésus ?

En dehors des évangiles, nous disposons sur Jean le Baptiste d'une source historique capitale. C'est un témoignage de Flavius Josèphe à nouveau dans les *Antiquités juives*. A la différence du *testimonium flavianum* concernant Jésus, la notice consacrée par l'historien juif à Jean le Baptiste n'a jamais été suspectée de falsification, même partielle.

Contrairement au fameux *testimonium*, elle ne semble pas avoir été écrite sous une quelconque influence chrétienne. La notice présente un portrait du Baptiste qui recoupe et contredit à la fois celui des évangiles, et contrairement à eux elle ne contient aucune référence à Jésus ou à son mouvement, ni même ne permet de déchiffrer la moindre allusion qui pourrait s'appliquer à lui.

Flavius Josèphe éclaire plusieurs points. Il explique que Jean « surnommé Baptiste » était « un homme de bien qui exhortait les juifs à exercer la vertu, à pratiquer la justice les uns envers les autres et la piété envers Dieu, à se réunir par un baptême ». L'un des traits singuliers du personnage, témoin d'une piété juive très marquée, est donc de pratiquer le baptême, geste spécifique qui chez lui devient une marque d'appartenance, un signe d'admission dans le groupe. Cette immersion totale est conçue, aux dires de Flavius Josèphe, comme une purification non seulement des péchés mais du corps tout entier, « après que l'âme eut été déjà entièrement purifiée par la justice » : c'est le terme d'une ascèse.

L'autre particularité notoire de Jean le Baptiste est d'être un prophète dans la grande tradition d'Israël.

Il n'est pas seulement le maître d'un petit groupe

d'adeptes, le chef d'une secte d'initiés qu'unissent les liens du baptême. C'est aussi un prosélyte, c'est un prédicateur dont la parole franchit les limites de la communauté : d'autres juifs se rassemblaient autour de lui, dit encore Flavius Josèphe, « car ils étaient exaltés au plus haut point en écoutant ses paroles ».

Mais entre les lignes de ce passage des *Antiquités juives*, il faut entendre la violence des imprécations de Jean le Baptiste. C'est un prophète de révolte et de colère, et c'est pourquoi Hérode Antipas, vassal de Rome en Galilée, le fait arrêter préventivement, « craignant que son extraordinaire force de persuasion ne provoquât quelque sédition, car ils semblaient prêts à tout sur le conseil de Jean. »

Flavius Josèphe explique enfin que dans l'opinion des juifs, sa mise à mort avait provoqué la vengeance divine. C'est ce qui pour eux expliquait que l'armée d'Hérode Antipas avait été mise en déroute par les troupes nabatéennes du roi Arétas IV (dont la fille avait été répudiée par Antipas, son époux, au profit d'Hérodiade, une de ses belles-sœurs).

Qui était Hérode Antipas ?

D'autres éléments pour comprendre qui était Jean le Baptiste proviennent encore de Flavius Josèphe, ce sont des renseignements indirects.

Ils nous apprennent qu'Hérode Antipas, monarque à la solde des Romains a cherché par tous les moyens à émanciper son pays, la Galilée, partie de l'ancien royaume d'Israël, de la tutelle du judaïsme. Comme ses frères, il a cherché à transgresser les lois morales et reli-

gieuses jusque là intangibles. Ses mœurs dissolues en
sont symptomatiques (selon la légende elles coûteront
littéralement sa tête à Jean le Baptiste, pour le bon plaisir
de Salomé la fille d'Hérodiade). Mais aussi sa volonté
d'intégrer son pays dans l'Empire romain.

Voulant à sa manière faire table rase du passé, il multiplie donc les manifestations d'impureté, les violations
de la loi juive : il bâtit de toutes pièces une nouvelle
capitale sur l'emplacement d'un ancien cimetière, il
décore son palais d'effigies, il dédie sa ville à l'empereur
Tibère en la nommant Tibériade. En somme il va plus
loin que les Romains n'ont jamais osé le faire, et cela est
ressenti d'autant plus douloureusement qu'il est juif lui-
même, quoique « demi-juif ».

Sur Jean le Baptiste, que nous apprennent les évangiles ?

Pour le reste, il faut raisonner à partir des données que
l'on peut déduire des évangiles.

Dans l'arrière-plan fortement religieux et moral qui
caractérise l'activité du Baptiste, le risque de « sédition »,
selon le terme grec particulièrement fort qu'emploie Flavius Josèphe, ne sous-entend pas une insurrection armée.
Il implique ce que n'explicite pas l'historien juif : que
Jean le Baptiste et ses partisans espèrent l'intervention
de Dieu. Qu'ils attendent la Fin des temps, qu'ils se
préparent à l'Apocalypse.

« Jean le Baptiste fut dans le désert, proclamant un baptême de repentir pour la rémission des péchés. Et s'en
allaient vers lui tout le pays de Judée et tous les habitants
de Jérusalem, et ils se faisaient baptiser par lui dans les
eaux du Jourdain, en confessant leurs péchés » (Mc 1, 4-5).

La nécessité de ce repentir qui va de soi pour l'évangile de Marc, c'est l'évangile de Matthieu qui la révèle. Il laisse voir à l'œuvre cette fièvre apocalyptique qui saisit Jésus dans la trace du Baptiste. Alors que Jean le Baptiste prêchait : « Repentez-vous, car le Royaume des Cieux est tout proche » (Mt 3, 2), Jésus va répéter mot pour mot son message : « Dès lors Jésus se mit à prêcher et à dire : "Repentez-vous, car le Royaume des Cieux est tout proche" » (Mt 4, 17). Jean le Baptiste annonce : « Déjà la cognée se trouve à la racine des arbres » (Mt 3, 10), et Jésus renchérit : « Tout arbre qui ne produit pas de bons fruits va être jeté et coupé au feu » (Mt 7, 19).

L'un comme l'autre prophétisent d'une même voix que « le Royaume des Cieux souffre violence et des violents s'en emparent » (Mt 11, 12).

Ces paroles ne sont pas nécessairement des paroles authentiques de Jésus. Mais le fait qu'elles soient citées par Matthieu indique bien que les évangélistes au moment où ils écrivent ne craignent pas de montrer ce que Jésus doit à Jean le Baptiste.

C'est la reconnaissance de cette dette qui est capitale.

Elle indique que Jésus ne surgit pas de nulle part et même précisément qu'il est l'un des successeurs du Baptiste.

Jésus a-t-il pris la succession du Baptiste ?

L'évangéliste Marc prête à Hérode Antipas, après qu'il a entendu parler de Jésus, cette phrase extraordinaire : « C'est Jean que j'ai fait décapiter qui est ressuscité ! » (Mc 6, 16).

Par parenthèse, il est assez curieux de constater que ce

premier cas de « résurrection » est présenté par l'évangile comme le témoignage d'un adversaire, donc d'un témoin neutre, un témoin non croyant, mais en même temps comme un leurre. Le lecteur sait bien que Jésus n'a pas ressuscité Jean le Baptiste, que Jean le Baptiste n'est ni ressuscité ni réincarné (accessoirement c'est un moyen de préparer à l'idée que le concept chrétien de résurrection n'est pas de l'ordre de la réincarnation).

Nous sommes dans l'incertitude du fondement historique de la phrase prêtée à Hérode Antipas que rien d'autre ne confirme. Mais elle atteste la réputation menaçante de Jésus à l'intérieur des frontières de la Galilée.

Quoiqu'il en soit, Jésus apparaît, et de la façon la plus forte qui soit, comme le successeur légitime du Baptiste, comme celui qui prend sa relève, celui qui le remplace après sa mort.

Mais cela ne va pas sans poser plusieurs problèmes. D'abord un problème chronologique puisque les indications qui résultent de Flavius Josèphe n'interdisent pas de penser que Jean le Baptiste a été exécuté non pas en l'an 28 comme on l'annonce couramment par souci d'harmonisation avec les données évangéliques, mais peut-être seulement en 34-35, soit apparemment après la mort de Jésus !

Il faut rester prudent car pas plus les *Antiquités juives* que les évangiles ne sont des instruments de mesure du temps très exacts. Mais que le Baptiste soit déjà mort au moment où Jésus commence son activité, ou qu'à tout le moins, probablement, il ait déjà été emprisonné dans la forteresse de Macchéronte, quelle que soit l'histoire événementielle, cela accrédite l'idée que Jésus a pu apparaître comme un nouveau Jean le Baptiste.

Un autre problème, plus lourd de conséquences que le précédent, surgit aussitôt.

Comment Jésus, présenté dès la première ligne du texte de l'évangile de Marc comme « Christ, fils de Dieu » (Mc 1, 1) pourrait-il n'être que le disciple d'un autre maître ?

Que faire de Jean le Baptiste ? C'est la question qu'ont dû affronter Marc, puis chacun des autres évangélistes.

Jean le Baptiste est un modèle, un « ancêtre » à sa manière, mais un parent encombrant.

Ce n'est pas la présentation des évangiles ?

L'idée qu'il fallait affirmer la primauté de Jésus en tout interdisait donc qu'il soit assimilé à un disciple du Baptiste. Les évangélistes s'employèrent donc à renverser l'ordre de dépendance de l'un par rapport à l'autre.

Jésus n'est plus l'un des suiveurs du Baptiste, un successeur, un remplaçant. Au contraire, c'est Jean le Baptiste qui devient le précurseur de Jésus. Ce retournement de perspective modifie radicalement notre optique.

Au lieu de situer Jésus au sein du mouvement baptiste ou dans l'ensemble des mouvements de réveil religieux du Ier siècle, de faire de lui un parmi d'autres, les évangiles isolent sa figure, l'illuminent pour rejeter les autres dans l'ombre.

Les évangiles n'ont pas pour but d'enregistrer l'histoire mais de la raconter, de lui donner sens, de trouver la signification qu'elle a, selon eux, aux yeux de Dieu. Ce n'est pas une histoire objective, c'est une histoire interprétée, c'est un récit et un récit théologique. La comparaison des narrations propres aux quatre évangiles, les mises au point successives qu'ils produisent, permettent de reconstituer l'historique de cette interprétation, et à travers elle sinon l'histoire du moins des vestiges d'histoire.

Marc, le premier, fait reconnaître par le Baptiste en personne son rôle subalterne. Dans sa bouche, des paroles minimisent sa place. « Vient derrière moi, proclame-t-il, celui qui est plus fort que moi, dont je ne suis pas digne, en me courbant, de délier la courroie de ses sandales » (Mc 1, 7).

Matthieu, Luc et Jean reprennent la formule quasiment à l'identique (Mt 3, 1 ; Lc 3, 16 ; Jn 1, 27). Mais l'évangéliste Jean insiste au plus haut point : « Derrière moi vient un homme qui est passé devant moi parce qu'avant moi il était » (Jn 1, 30), allant plus loin jusqu'à faire dire au Baptiste : « Il faut que lui grandisse et que moi je décroisse » (Jn 3, 30).

Aussi s'explique qu'il fallait parallèlement magnifier la place de Jean le Baptiste, sinon sa révérence n'aurait eu que peu de valeur.

L'évangile de Luc l'introduit avec pompe, indiquant pour lui la seule date jamais citée par les évangiles énumérant toutes les plus hautes autorités dans son célèbre préambule placé sous l'invocation de « l'an quinze du principat de Tibère César » (Lc 3, 1). Auparavant l'ange Gabriel avait annoncé à Zacharie, son père, que Jean « ramènera de nombreux fils d'Israël au Seigneur, leur Dieu. Il marchera devant lui avec l'esprit et la puissance d'Élie » (Lc 1,17).

Vêtu d'une peau de chameau et se nourrissant de sauterelles et de miel sauvage, l'ascète du désert est ouvertement, chez Marc et après lui chez Matthieu, donné pour semblable au prophète Élie – celui qui, dans la Bible hébraïque, avait pour mission d'annoncer l'arrivée du Messie.

Pour appuyer l'acte de sujétion auquel l'évangéliste Marc soumet Jean le Baptiste, Matthieu et Luc n'ont pas craint de forcer le trait. Ils confient à Jésus lui-même le soin de dresser l'éloge du Baptiste : ce dernier, écrivent-ils ensemble, est « plus qu'un prophète » (Mt 11,9 et Lc 7, 28). Ils poursuivent presque à l'unisson : « Parmi les enfants des femmes il n'y en a pas de plus grand que Jean le Baptiste », mais d'ajouter aussitôt : « Et cependant le plus petit dans le royaume des Cieux est plus grand que lui » (Mt 11, 11 et Lc 7, 28).

Derrière l'hagiographie, il n'est pas difficile d'entendre l'écho d'une lutte entre les disciples des deux mouvements.

En vérité, Jean le Baptiste annonçait la venue de Yahvé, le seul Seigneur qu'il reconnaissait. Peut-être est-ce d'ailleurs la puissance de cette annonce qui poussera Jésus à traverser la Palestine, de la Galilée à la Judée, pour rejoindre le Baptiste et être présent à ses côtés à l'heure où le Seigneur Yahvé se manifesterait ?

Jean le Baptiste n'aurait donc jamais annoncé la venue de Jésus ?

Il ne s'agit pas d'une simple hypothèse d'école. La concurrence entre les deux figures est telle qu'elle est restée inscrite dans les évangiles eux-mêmes. La force des textes du Nouveau Testament est d'avoir gardé la mémoire de son histoire, la mémoire de ses conflits. On peut lire cette mémoire en creux, c'est-à-dire retrouver

les disputes et les objections à travers les prises de position que les textes chrétiens ont voulu faire prévaloir.

Les évangiles le disent autant que Flavius Josèphe : le
charisme de Jean le Baptiste devait être particulièrement
puissant. Si bien que le peuple venu se faire baptiser, et
« qui était dans l'attente », légitimement, « se demandait
au sujet de Jean, s'il n'était pas le Christ » (Lc 3, 15). Si
Luc l'écrit aussi nettement, c'est que pour beaucoup la
réponse ne devait pas faire l'ombre d'un doute, et qu'il
fallait du point de vue chrétien s'employer à détromper
cette erreur, à réduire ce risque.

Une inquiétude très similaire peut se lire aussi clairement dans l'évangile de Jean, lorsque des prêtres et des
lévites envoyés de Jérusalem viennent interroger le Baptiste et lui posent directement la question : « Qui es-tu ? »

La forme tortueuse de la réplique prêtée au Baptiste
est fascinante. « Il confessa, il ne nia pas, il confessa :
"Je ne suis pas le Christ" » (Jn 1, 20). La double négation
contenue dans l'expression « ne pas nier » appellerait
logiquement comme réponse une forme affirmative, la
forme de l'aveu : il le confesse, il ne nie pas qu'il se
prétend effectivement messie, Christ (affirmation qui
n'est pas forcément celle du Baptiste mais qui est plus
tard celle de ses disciples, au moment où s'exerce la
concurrence avec les premiers chrétiens).

Cela n'indiquerait-il pas qu'un texte plus archaïque
aurait été enfoui sous la version actuelle de l'évangile de
Jean, qu'il aurait été réécrit et retourné ?

Il suffirait de lire tout le questionnaire auquel les prêtres soumettent Jean le Baptiste, à l'envers du déroulement qui nous est présenté. N'est-ce pas en commençant
par la fin, qu'il retrouve sa logique, son sens : « "Es-tu

Élie" ? Il dit : "Je ne le suis pas." "Es-tu le prophète ?"
Il répondit : "Non" Ils lui dirent alors : "Qui es-tu que
nous donnions réponse à ceux qui nous ont envoyés ?
Que dis-tu de toi-même ?" » (Jn 1, 21-22.) La réponse
serait alors la phrase retouchée au verset précédent, au
verset 20, et qui au lieu d'être l'introduction serait la
conclusion de ce dialogue : Jean le Baptiste confessa, il
ne nia pas : « Je suis le Christ ».

A en croire l'un des premiers écrits de la littérature
chrétienne, les *Reconnaissances clémentines*, c'est exactement ce que des baptistes ont continué à prêcher, pense-
t-on au IIIe siècle : « Or voici qu'un des disciples de Jean
se mit à prétendre que Jean, et non pas Jésus, était le
Christ », peut-on lire.

Du moins Jésus a-t-il été baptisé par Jean le Baptiste ?

Il faut absolument prendre garde à ne pas se laisser
abuser par le terme « baptiser ».

Si le baptême est devenu le rite qui marque l'entrée
dans la foi chrétienne, le geste de Jean le Baptiste n'a
rien à voir avec la chrétienté. Ceux qu'il « baptise » sont
des juifs qui, non seulement veulent le rester, mais plus
encore souhaitent se purifier pour l'être de façon plus
forte encore. Et Jésus est à mettre au nombre de ces
juifs-là.

L'évangile de Marc, immédiatement après la présentation de Jean le Baptiste, s'ouvre sur le récit du baptême
de Jésus dont il fait l'acte inaugural de sa « biographie ».
« Et aussitôt, remontant de l'eau, il vit les cieux se déchirer et l'Esprit comme une colombe descendre vers lui et
une voix vint des cieux : "Tu es mon fils bien aimé, tu

as toute ma faveur" » (Mc 1, 10-11). Cette élection par
Dieu est comme une naissance. Cette naissance mystique
est annoncée par un préambule qui situe les deux personnages l'un par rapport à l'autre : « Et il advint qu'en
ces jours-là Jésus vint de Nazareth de Galilée, et il fut
baptisé dans le Jourdain par Jean » (Mc 1, 9).

La scène est particulièrement symptomatique du travail
d'écriture auquel doivent se livrer les rédacteurs, des difficultés théologiques auxquelles ils ont à répondre.

Il suffit de comparer les textes, de les placer les uns
en face des autres, pour voir ce que les autres évangélistes
après Marc vont faire de cette situation de départ – et
pour voir par la même occasion combien l'hypothèse
d'une composition des quatre évangiles en chaîne, en
cascade, et non en parallèle, est la plus probable d'un
point de vue strictement littéraire.

Le « baptême de repentir pour la rémission des
péchés », selon l'expression de Marc, pose, en soi, une
question cruciale. De quoi Jésus, Fils de Dieu, en l'occurrence né d'une vierge selon Matthieu, aurait-il pu avoir
à se repentir, de quelles souillures aurait-il eu à se laver ?
L'évangéliste Matthieu, comme c'est souvent le cas dans
les évangiles, fait formuler par le Baptiste les questions,
les résistances, les scrupules qu'il sent gagner son lecteur.
Il montre Jean le Baptiste se refusant à accomplir le geste
que Jésus vient lui réclamer : « Celui-ci l'en détournait,
disant : "Moi, j'ai besoin d'être baptisé par toi, et toi, tu
viens à moi !" » (Mt 3, 14). Mais Jésus ne l'arrête pas, il
demande à Jean d'accomplir ce qui est prévu : « Laisse
faire pour l'instant » (Mt 3, 15).

« Pour l'instant ».... Cette façon de temporiser laisse
songeur.

Si l'évangile de Luc accepte de baptiser Jésus apparemment sans remords, c'est à deux conditions. Il ajoute d'abord un détail qui lui est personnel, précisant que ce baptême s'est produit « une fois que tout le peuple eut été baptisé » (Lc 3, 21). Il est le seul à transformer le baptême solitaire de Jésus en geste de communion, il en fait l'acte fondateur d'une nouvelle communauté. Mais surtout il supprime littéralement le personnage de Jean le Baptiste, évoquant directement le « moment où Jésus, baptisé lui aussi, se trouvait en prière » (Lc 3, 21). Il escamote doublement Jean le Baptiste : grammaticalement puisque Jésus se retrouve baptisé en dehors de toute intervention humaine, et narrativement puisque, au paragraphe précédent, l'on a appris que Jean le Baptiste était dans l'incapacité de baptiser Jésus, ayant été jeté en prison par Hérode (il faut souligner l'importance du déplacement opéré par l'évangile de Luc, cette arrestation du Baptiste se situant bien plus tard chez Marc comme chez Matthieu, après que Jésus a commencé son activité).

Quant à l'évangile de Jean, il s'écarte radicalement des deux premiers évangélistes mais tout autant de la solution inventée par Luc. Le Baptiste n'est plus l'acteur essentiel de la scène. Il n'est plus l'intercesseur, il n'est pas l'absent non plus (sans doute ne peut-il pas l'être). Il réapparaît, c'est le rôle du témoin privilégié qui lui échoit : « J'ai vu l'Esprit Saint descendre du ciel, tel une colombe venant du ciel, et demeurer sur lui » (Jn 1, 32), fait-il dire au Baptiste.

De Marc à Jean, de l'évangile le plus ancien au plus tardif, Jean le Baptiste est passé du premier plan à l'arrière-plan, de la place de personnage principal à celle de spectateur.

« Qu'il soit anathème celui qui croit que le Christ a été baptisé comme un simple mortel au nom de Père, du Fils et du Saint Esprit et que, par ce baptême, il a reçu la grâce de l'Esprit saint et la capacité d'être fils. » En 553, le concile de Constantinople tranchera la question que les évangélistes se sont efforcés de résoudre en racontant chacun à leur manière une histoire similaire. Marc, Matthieu et, à un degré moindre Luc, auraient-ils été anathèmes sans le savoir ?

Qu'y a-t-il d'historique derrière ces différentes versions ?

La plus forte probabilité historique est que Jésus a dû être l'un des nombreux disciples de Jean le Baptiste.

L'immersion pratiquée par le Baptiste étant un geste personnel, Jésus a pu recevoir de lui ce baptême, sans que rien ne garantisse que Jean le Baptiste l'ait nécessairement distingué au milieu de ceux qui appartenaient à son mouvement de repentir, contrairement à ce qu'affirment les évangiles.

Ensuite, la disparition ou seulement l'éloignement du Baptiste a probablement fissuré l'unité de la secte, amenant plusieurs personnages ou plusieurs groupes à pratiquer le rite baptismal de façon concurrentielle.

Parmi eux Jésus.

Le surnom de « nazôréen » qui est souvent celui de Jésus et parfois même celui de ses adeptes passe aussi pour être un synonyme de l'appellation des baptistes...

Ainsi selon l'évangile de Jean, la réputation de Jésus, dans un premier temps, aurait été qu' « il faisait plus de disciples et en baptisait plus que Jean » (Jn 4, 1).

Sur le premier aspect, à la différence des synoptiques, le quatrième évangile va aller jusqu'à soutenir que Jésus a recruté ses premiers disciples parmi les disciples du Baptiste. Sur le second aspect, la concurrence a été immédiatement après corrigée d'une curieuse façon : « Bien qu'à vrai dire Jésus ne baptisât pas lui-même, mais ses disciples » (Jn 4, 2). La proposition désigne assez clairement l'intervention ultérieure d'un autre rédacteur de l'évangile de Jean, lequel ne voulait pas que Jésus soit rabaissé au niveau de Jean le Baptiste.

Il y a donc indéniablement une rivalité entre eux que les textes s'emploient à réduire ou à dissimuler.

La question demeure de savoir si cette rivalité a concerné ultérieurement, vers l'époque de la rédaction des évangiles, les disciples de l'un ou l'autre, ou si de leur vivant déjà il y a eu concurrence entre les deux hommes.

Mais en même temps ni Jean ni les autres évangélistes ne veulent ou ne peuvent nier le rôle fondateur du Baptiste.

Est-ce pour respecter la vérité historique ?

Ce n'est pas certain. C'est en tout cas l'expression de la volonté de ménager les baptistes, de canaliser des alliés potentiels, de récupérer des forces non négligeables pour nourrir les maigres rangs chrétiens (sinon pourquoi n'auraient-ils pas été ignorés comme les esséniens, comme les sectaires de Qumrân dont aucune mention n'est faite dans tous les textes du Nouveau Testament ?).

Ce récit de la naissance du christianisme que sont les Actes des Apôtres apporte un élément au dossier.

Il évoque le visage d'un juif d'Alexandrie arrivé à Éphèse, Apollos. Il s'agit visiblement d'un rabbin de la Diaspora, qui prêche et enseigne « avec exactitude ce qui concerne Jésus, bien qu'il connût seulement le baptême de Jean » (Ac 18, 25). Cet Apollos est donc le représentant, vers les années 40-50, d'un groupe juif chrétien de tendance baptiste. D'autres disciples à la fois chrétiens et baptistes comme Apollos, toujours dans la ville d'Éphèse, sont convertis par Paul. Que leur apprend l'apôtre qu'ils ne savent déjà ? Qu'il y a deux baptêmes, « le baptême de Jean » – le baptême de repentance –, et le baptême « au nom du Seigneur Jésus ».

A la suite de l'évangile de Marc, les évangiles s'emploieront en effet tous à opérer la distinction, et à la faire prononcer par Jean le Baptiste lui-même : « Moi je vous ai baptisés avec de l'eau, mais lui vous baptisera avec l'Esprit Saint » (Mc 1, 8), dit-il sans que l'on sache même si l'opposition originelle entre les deux mouvements ne serait pas celle qui transparaîtrait plutôt chez Matthieu et chez Luc entre un baptême d'eau et un baptême de feu, entre l'eau et le feu...

Et la circoncision ?

Parmi les auteurs du Nouveau Testament, eux-mêmes juifs ou très liés au judaïsme, il va de soi que Jésus a été circoncis « lorsque furent accomplis les huit jours » (Lc 1, 21). Le contraire aurait été extravagant. Cependant seul Luc éprouve la nécessité de le mentionner. Luc qui écrit hors de Palestine, plusieurs générations après les faits, n'a été témoin de rien. La circoncision, note brève, est avant tout révélatrice de son travail de rédacteur. C'est à la fois une trace d'histoire et un souvenir inventé. Sans la foi au Dieu d'Israël, Jésus serait incompréhensible. Son univers, ses références, sa culture, ses comportements, son espérance, tout cela serait purement et simplement indéchiffrable.

Luc au moment où il écrit a particulièrement conscience que l'inscription de Jésus dans la tradition d'Israël n'a de sens que par cette inscription dans la chair. C'est par la circoncision que Jésus prend place aux côtés de Moïse et d'Abraham.

Et cette perspective est si essentielle à ses yeux qu'il poursuit en solitaire cet enracinement de Jésus dans le judaïsme. Luc y ajoute en effet deux épisodes déterminants.

Dans le premier, Jésus, nouveau-né, est présenté au Temple pour être consacré au Seigneur. Dans le second, Jésus, à douze ans, après avoir faussé compagnie à ses parents venus en pèlerinage à Jérusalem, enseigne les rabbins « et tous ceux qui l'entendaient étaient stupéfaits de son intelligence et de ses réponses » (Lc 2, 47). Il s'agit dans l'une et l'autre scènes, toutes deux situées dans la Ville sainte – c'est-à-dire à plusieurs jours de marche de Nazareth – et qui plus est dans le Temple de Jérusalem, d'illustrer comment Jésus est au cœur d'Israël, l'Israël des sacrifices offerts au Temple comme l'Israël des docteurs de la Torah, la Loi de Moïse.

Jusqu'au XVIᵉ siècle, les chrétiens célébreront le 1ᵉʳ janvier la fête de la Circoncision et de la Donation.

Pour l'apôtre Paul, dans l'épître aux Colossiens, baptême et circoncision avaient la même valeur en tant que symboles d'entrée dans l'Alliance et justification par la foi. Pour saint Ambroise, c'est parce que le Christ avait été circoncis que les chrétiens n'avaient pas besoin de le faire. La circoncison était comprise à l'égal de la Passion, la soumission de Jésus à la mort.

Dans un cas comme dans l'autre c'est volontairement que Jésus donnait son sang en rémission des péchés. C'était de surcroit le signe même de l'incarnation. Mais la circoncision demeurait trop identifiée au judaïsme et sera définitivement éclipsée par le baptême.

Jean le Baptiste a-t-il été avant l'heure, le premier chrétien ?

Avec le temps, l'eau du baptême va laver Jésus de son judaïsme, – et purifier Jean le Baptiste au point d'en faire, fictivement, le premier martyr chrétien (bien avant l'invention de la religion chrétienne).

Le baptême est au carrefour entre le judaïsme et le christianisme. Il permet de faire l'économie de la circoncision, l'alliance nouée entre Yahvé et son peuple. « La circoncision du cœur » suffit, selon la formule attribuée à Paul. Elle évite l'obstacle.

Ainsi le baptême va-t-il devenir dans les premiers temps, et en peu d'années après la mort de Jésus, une institution capitale du christianisme, la marque du passage d'un état à un autre, l'entrée dans la communauté des croyants.

Ce qui est très surprenant, en revanche, c'est que d'une part Jésus n'apparaisse jamais comme le baptiseur de Jean le Baptiste. C'est que d'autre part le baptême ne soit jamais présenté par les textes chrétiens comme une invention de Jésus lui-même, voire même artificiellement comme un sacrement qui aurait été créé à son instigation.

A travers ses épîtres, Paul, par exemple, montre bien le caractère essentiel du baptême pour la foi chrétienne, mais jamais il ne marque le moindre lien direct entre le baptême et la personne de Jésus.

C'est bien la confirmation la plus nette que le baptême chrétien est une reprise, qu'il inscrit irrémédiablement Jésus et ses disciples dans le sillage de cette secte juive du Ier siècle qu'a été le mouvement baptiste.

De quoi Jésus pouvait-il avoir à se purifier ?

La question n'est pas de nature individuelle. Jean le Baptiste puis Jésus ne mettent pas en évidence leur impureté réelle ou supposée mais, avant tout, celle d'Israël.

Les Assyriens, les Perses, les Lagides, les Séleucides n'ont cessé d'occuper le pays depuis des siècles. En l'an 63 avant notre ère, au moment où César va conquérir les Gaules, ce sont les troupes de Pompée qui prennent Jérusalem. La Judée, la Galilée, la Samarie passent sous autorité romaine.

Les Romains sont le symptôme du péché d'Israël. Pourquoi Dieu accepte-t-il que la terre qu'il a élue soit souillée par les impies ? Comment se laver de cette impureté face à Dieu ? Comment attendre ou préparer le Règne de Dieu ? Comment restaurer la confiance de Dieu ? Comment faire que Yahvé pardonne à son peuple et rende à Israël sa pureté perdue ? Comment agir, comment vivre pour que Dieu se manifeste ?

Les uns se replient dans le désert, loin de Jérusalem (les baptistes, les esséniens, les ascètes de Qumrân, formes très marginales et très religieuses de la piété juive, intégristes à leur manière), les autres sont prêts à prendre

les armes pour hâter l'intervention divine (les sicaires
d'abord au tournant du siècle, puis les zélotes qui déclen-
cheront la révolte juive contre Rome en 66).

D'autres s'absorbent dans l'étude et le questionnement
de la Torah (les scribes, les pharisiens), tandis que la
plupart se réfugient dans l'observance des fêtes, des rites,
des cultes, des sacrifices (système dont les prêtres et les
grands-prêtres, à Jérusalem, sont la clef de voûte).

Jésus est à replacer dans ce contexte « sectaire », sous
peine d'être anachronique.

L'histoire de Jésus a-t-elle des rapports avec Qumrân ?

En 1947, à la veille même de l'indépendance et de la création de l'État d'Israël, des bédouins ont découvert dans les
grottes de Qumrân, à une trentaine de kilomètres de Jérusalem, au-dessus de la mer Morte, un trésor.

Dans des jarres encore scellées par le bitume de Judée
que l'on va continuer à retrouver pendant près de dix
années (sans parler du rouleau du Temple exhumé en
1967, au moment de la guerre des Six jours, dix-neuf
pièces de parchemin cousues ensemble sur une longueur
de plus de huit mètres...), c'est une extraordinaire biblio-
thèque cachée qui est accidentellement mise à jour. Des
rouleaux de peau et quelques papyrus, des textes écrits
en hébreu, en araméen, parfois en nabatéen et même
certains en grec, y compris des versions bilingues.

Pour plus d'un quart ce sont des copies de livres de la
Bible hébraïque (parfois en plusieurs exemplaires), et
notamment un rouleau complet du livre d'Isaïe en hébreu
antérieur de dix siècles aux manuscrits les plus anciens
que l'on connaissait jusque-là. Mais ont été retrouvés

également des écrits « intertestamentaires », c'est-à-dire antérieurs au Nouveau Testament mais postérieurs à l'Ancien Testament (pour utiliser la terminologie chrétienne), des livres qui figurent seulement dans l'édition de la Septante, cette traduction grecque de la Bible effectuée pour les juifs d'Alexandrie et de la Diaspora, des écrits bibliques non canoniques comme les révélations du Livre d'Hénoch.

A cela va s'ajouter un ensemble extrêmement important composé d'écrits doctrinaux, de prescriptions rituelles, de règles de vie et de discipline, d'interprétations et de commentaires bibliques, actualisations de prophéties ou transpositions dans un avenir proche, documents écrits qui permettront, avec les vestiges archéologiques retrouvés sur place, de reconstituer le portrait d'une petite communauté juive très structurée ressemblant (peut-être seulement car cette hypothèse est loin de faire l'unanimité des chercheurs) aux fameux esséniens dont on n'a jamais retrouvé de traces mais qu'évoquent à la fois des auteurs aussi différents que Pline l'Ancien, Philon d'Alexandrie et surtout Flavius Josèphe.

Les manuscrits de Qumrân couvrent la période des deux premiers siècles avant notre ère, mais aussi le Ier siècle. A tous points de vue, ils ne forment pas un corpus homogène, mais correspondent à plusieurs dépôts successifs et sans doute à plusieurs usages. Ce sont pratiquement les seuls écrits juifs de cette période en hébreu et en araméen.

En tout ce sont huit cents manuscrits qui seront identifiés jusqu'à maintenant car à côté de textes entiers figurent des milliers de fragments dont beaucoup ne sont pas plus grands que les pièces d'un gigantesque puzzle.

Les retards qui accompagneront la difficile publication, l'identification, la traduction de cet énorme matériel, mais aussi les atermoiements, les maladresses, le goût du secret accréditeront chez quelques uns l'illusion d'une sorte de complot guidé par le Vatican pour ne pas divulguer des documents soi-disant explosifs sur la naissance du christianisme... Le secret qui entoure la communauté depuis quelques vingt siècles constituait à vrai dire un terrain favorable. La proximité chronologique avec la période historique qui prélude à l'apparition de la littérature chrétienne ou coïncide à peu près avec elle, fera le reste.

La thèse selon laquelle le fondateur de la communauté, le Maître de Justice qui se dresse contre « le prêtre impie » serait la préfiguration du Christ mis à mort, son prototype, fera long feu. Il n'existe à Qumrân aucune mention de Jésus, de sa famille, de ses proches, pas le moindre soupçon d'une connaissance du christianisme. Aucun manuscrit des évangiles, aucun fragment, comme l'affirment certains périodiquement, n'a été identifié là-bas.

Pour l'histoire des origines chrétiennes, la découverte des manuscrits de Qumrân a été un événement capital. Mais on n'y a pas mis à jour la clef de lecture grâce à laquelle on pourrait déchiffrer le nombre d'or, le code du Nouveau Testament...

Le texte caché est celui que nous ne lisons pas, celui qui est sous nos yeux.

Il y a pourtant des coïncidences troublantes...

Les coïncidences et les analogies avec le milieu du Nouveau Testament sont frappantes, mais elles sont d'un autre ordre.

On rencontre à Qumrân des idées alors peu courantes en effet, le thème de l'attente du messie (dédoublé en un messie prêtre et un messie roi), mais aussi des pratiques comme le baptême de purification, les banquets communautaires, la mise en commun des biens, le célibat volontaire, ou encore des expressions que l'on croyait typiques des évangiles (« préparer la voie de Dieu », « les hommes de bonne volonté », « les pauvres en esprit »), un vocabulaire très marqué également par le manichéisme, des formes de pensée communes, le recours à d'autres modes d'interrogation du texte de la Torah, d'actualisation de son message, d'allégorisation...

Ce que Qumrân a mis en lumière c'est un panorama beaucoup plus vivant du judaïsme que celui que l'on connaissait jusqu'alors.

Même si l'on y accède à des idées marginales, les manuscrits de la mer Morte témoignent, à l'intérieur du même cadre, à l'époque de Jésus et dans le siècle qui l'a précédé, de la diversité des formes d'expression de la foi juive, du foisonnement des croyances et de la spiritualité, jusqu'à atteindre parfois à d'étonnantes fantasmagories (que l'on retrouvera de façon plus ou moins transparente à travers tous les écrits chrétiens canoniques comme apocryphes). Ils permettent aussi de voir en creux les adversaires des sectaires de Qumrân et leurs pratiques religieuses (par exemple, les pharisiens combattus pour leur interprétation trop peu rigoriste des lois de pureté).

La secte de Qumrân comme celle du Baptiste sont parties loin de Jérusalem, loin du Temple. Sous des formes très différentes, elles manifestent la même rupture à l'égard des grands-prêtres et des rites sacrificiels qui s'avèrent à leurs yeux incapables d'amener le pardon de Yahvé.

Les sectaires de Qumrân se sont séparés du monde (ils ont même leur propre calendrier), mais ils ne se sont pas retranchés d'Israël. Comme les baptistes allant se repentir au désert, ils s'imposent une vie d'ascèse, de mortifications et de prières, car ils sont persuadés que l'épreuve qu'ils s'infligent leur permettra de renaître après avoir vécu une nouvelle fois l'expérience de l'Exode.

Jésus aussi est allé au désert...

Si l'évangile de Marc suivi par les deux autres textes synoptiques mettent Jésus, immédiatement après son expérience baptiste, quarante jours et quarante nuits au désert pour y être tenté par Satan, ce n'est pas pour raconter la véritable histoire de Jésus.

La scène n'a pas de fonction descriptive, et les premiers destinataires de l'évangile s'y retrouvent sûrement en pays de connaissance. C'est pour dire autre chose, pour raconter une autre histoire dont eux reconnaissent aussitôt les tenants et les aboutissants. C'est pour soumettre Jésus à l'épreuve qu'ont subie les Hébreux dans le Sinaï, c'est pour dire qu'après Moïse, Jésus a accompli l'Exode à son tour et qu'il va désormais pénétrer en Terre promise. En hébreu, Jésus et Josué sont le même nom. Et si Moïse conduit son peuple loin de l'esclavage il meurt avant que Josué ne le fasse entrer en Terre promise. Jésus est donc à la fois le nouveau Moïse, le nouveau législateur et le nouveau Josué à qui revient l'honneur et la charge d'accomplir la promesse divine.

Jésus, à l'inverse des sectaires de Qumrân, des baptistes et d'autres prophètes juifs palestiniens que cite Flavius Josèphe ne succombera pas à ce qu'on pourrait appeler

« la tentation du désert ». Il rejoindra le monde. Mais lui comme les autres partagent une même attente, appellent de leurs vœux la Fin des temps, prêts à tous les sacrifices pour manifester leur piété.

Jésus attendait donc l'apocalypse ?

Immédiatement après le prologue baptiste, « après que Jean eut été livré », précise-t-il, Marc enchaîne en donnant en ces termes le résumé de la proclamation de Jésus : « Le temps est accompli et le royaume de Dieu est tout proche : repentez-vous et croyez à l'Évangile » (Mc 1, 15).

Des mentions explicites, nombreuses, concordantes montrent que cette attente de l'établissement du royaume de Dieu sur terre a été très vive, qu'elle est partagée par les premiers disciples et plus tard encore par les évangélistes.

Avant d'être repris par Matthieu et par Luc, Marc par exemple met dans la bouche de Jésus cette prophétie : « Et il leur disait : "En vérité je vous le dis, il en est d'ici présents qui ne goûteront pas la mort avant d'avoir vu le Royaume de Dieu venu avec puissance" » (Mc 9, 1).

Rien ni personne ne peut garantir cette parole, mais d'autres traces dispersées à travers le Nouveau Testament laissent penser que Jésus a dû effectivement tenir ce genre de langage. Dans la première épître adressée aux Thessaloniciens vers l'an 51, Paul réconforte les premiers croyants ajoutant ce commentaire : « Voici ce que nous avons à vous dire sur la parole du Seigneur. » Bien que la parole à laquelle Paul fait allusion ne soit pas précisée, elle a tout l'air de recouper ce que l'on peut lire dans l'évangile de Marc.

Une vingtaine d'années plus tard, lorsque l'évangile reçoit sa forme définitive, l'histoire diffère la Fin des temps. Pourtant l'évangéliste Marc ne supprime pas cette indication, alors même qu'elle devient gênante – si l'on raisonne *a contrario* – pour celui dont la promesse n'a apparemment pas été tenue.

Marc, au contraire, la conserve, la développe, place même au terme de la vie publique de Jésus un long discours eschatologique (c'est-à-dire relatif à la Fin des temps) qui lui sert de dénouement, au point que l'on a pu faire l'hypothèse que cette conclusion du chapitre a peut-être été la conclusion d'une version antérieure de l'évangile de Marc. Au lieu de se terminer sur le récit de la Passion que nous lisons aujourd'hui, l'évangile aurait été laissé en suspens, ouvert sur l'exhortation prononcée par Jésus à l'intention de ses disciples : « Soyez sur vos gardes, veillez car vous ne savez pas quand ce sera le moment » (Mc 13, 33).

Les disciples aussi ?

Les disciples sont d'une autre façon au cœur de cette question.

Comme on le sait, ils sont douze autour de Jésus, et sont parfois appelés les « Douze » comme une sorte d'entité autonome.

Ce chiffre est un chiffre symbolique.

Quelles que soient les autres lectures possibles, il est un symbole fort des douze tribus d'Israël, c'est-à-dire d'Israël recomposé autour de son noyau originel, purifié de la présence des impies, enfin restauré dans son intégrité (intégrité perdue depuis le schisme qui a séparé le royaume d'Israël et le royaume de Juda vers l'an 930 avant notre ère).

Les Douze sont en ordre de bataille. En l'occurrence, ils donnent par leur chiffre un signe de l'imminence de l'apocalypse, de l'arrivée du royaume de Dieu.

Mais étaient-ils vraiment douze ?

Que le nombre des disciples soit symbolique ne l'empêche pas de recouvrir éventuellement une réalité.

Ce qui est bizarre néanmoins c'est que l'identité des douze disciples ne constitue pas l'une des données stables des quatre évangiles.

Quatre listes nominatives sont indiquées par les évangiles de Marc, de Matthieu et de Luc, ainsi que par les Actes des Apôtres. L'évangile de Jean ne donne aucune liste, mais il cite les noms des disciples au fur et à mesure de son récit. Ces listes ne concordent pas entièrement.

D'un récit à l'autre, on retrouve donc Simon-Pierre, son frère André, Jacques et Jean, les fils de Zébédée, Philippe, Thomas, Matthieu, Jacques fils d'Alphée, Judas l'Iscariote.

Neuf sur douze.

Il y a un deuxième Simon mais il est appelé « le zélote » chez Luc et dans les Actes des Apôtres, et « le cananéen » chez Marc et Matthieu. Un deuxième Judas ou Jude, dit « de Jacques » apparaît encore mais uniquement chez Luc, sans que l'on ait dans le texte le moyen de savoir s'il s'agit d'un frère ou d'un fils, et Thaddée se rencontre chez Marc et Matthieu. Barthélemy figure dans la liste des trois synoptiques mais l'évangile de Jean l'ignore. Ce dernier, en revanche, est le seul à citer Nathanaël parmi les disciples. Lévi qui apparaît brièvement dans l'évangile de Marc et chez Luc n'est pas comptabilisé dans les listes. Est-il la même personne que Matthieu comme, implicitement, le pense son homonyme l'évangéliste au motif qu'il est également douanier ? Mais, toujours selon Marc, Lévi est « le fils d'Alphée » (Mc 2, 14). Plutôt que de Matthieu s'agirait-il de Jacques précisément désigné comme « le fils d'Alphée » dans toutes les listes ?...

Pourquoi les disciples vont-ils toujours par deux ?

Sans vouloir compliquer la situation, on peut remarquer qu'il y a abondance de doubles parmi les disciples : outre ces deux fils d'Alphée (dont l'un est incertain), deux fils de Zébédée (bien que Luc ne précise pas que Jacques et Jean sont frères), il y a deux Simon, deux Jacques, deux Judas (il est vrai que Shimon, Iacob ou Yehuda sont des prénoms courants à l'époque). Il n'est pas impossible de penser que les disciples apparaissent presque toujours par couple, parce que selon le Deutéronome il faut toujours qu'il y ait deux témoins pour qu'un témoignage soit véritable. Ainsi deux larrons entoureront Jésus en croix, deux pélerins rencontreront le ressuscité sur le chemin d'Emmaüs...

L'évangéliste Jean est le seul à préciser, si l'on peut dire, l'identité de l'un des rares que Jésus comptait parmi ses amis, Thomas. À trois reprises, il indique que ce Thomas est «appelé Didyme» (Jn 11, 16 ; 14, 5 ; 20, 24) c'est-à-dire en grec comme en araméen «Jumeau».

Et si ce n'est pas un nom mais un sobriquet, le jumeau

de qui ? D'un inconnu, d'un autre disciple, ou pourquoi pas de l'un des frères de Jésus ?

Le quatrième évangéliste va même jusqu'à laisser certains disciples dans l'anonymat : c'est le cas du premier disciple que fait Jésus à Béthabara ou à Béthanie au-delà du Jourdain, et c'est celui du disciple qui conclut l'évangile, et qui joue un rôle essentiel dans le récit de la Passion, « le disciple bien-aimé », le disciple que Jésus aimait.

Les disciples changent de nom : Pierre est aussi appelé selon les textes tantôt Simon tantôt Simon-Pierre, ailleurs surnommé par Jésus « Cephas », forme grécisée du mot araméen qui signifie « pierre » ou « rocher », voire « le chauve ». Céphas est aussi le nom que lui reconnaît Paul dans ses épîtres tout en le citant séparément des Douze, comme s'il ne faisait pas partie du groupe ou s'en était distingué.

Les surnoms divergent ou disparaissent. Ils résistent souvent au déchiffrage. Toutes les hypothèses restent permises, mais n'aboutissent jamais à des certitudes (l'Iscariote est-il étymologiquement le sicaire ou l'homme du village de Carioth ?). Certains mots de provenance sémitique ont dû être retranscrits phonétiquement en grec par des rédacteurs qui ne comprenaient pas les jeux de mots et les sous-entendus (« les fils du tonnerre » dont parle l'évangile de Marc pour qualifier les deux frères Zébédée restent d'une construction douteuse), d'autres ne peuvent pas être d'origine car ils sont anachroniques, comme « le zélote ». André et Philippe, portent des prénoms héllenisés, vraiment surprenants sans être totalement invraisemblables, et qui le seraient moins s'ils étaient portés par des évangélisateurs envoyés non en Palestine mais, après la mort de Jésus, dans la Diaspora.

On le voit, la situation est loin d'être aussi transparente que prévu.

Comment expliquer cette imprécision qui entoure les disciples de Jésus ?

Inutile de dire que des romans ont été bâtis sur les disciples par les exégètes (qui sont souvent bien plus romanciers qu'ils ne le croient). Certes, pour se tirer d'embarras, on peut reconnaître le même personnage sous des identités différentes. Mais à l'inverse, qu'est-ce qui empêcherait que le rôle d'un même disciple soit confié à des personnages différents, ou qu'un même rôle ait réellement été tenu par plusieurs personnes entre lesquelles la tradition ait dû choisir ?... Le péager interprété tour à tour par Matthieu et par Lévi en est un exemple frappant, mais pas unique : d'un évangile à l'autre ce type de déplacement, d'arrangement, de condensation est un procédé récurrent des narrateurs.

Toutes les « évidences » en la matière ne sont que des reconstructions, des suppositions. Toutes les tentatives, au demeurant très compréhensibles, pour aplanir les difficultés n'y feront rien.

Ces petites différences diverses et variées peuvent être minimisées : il suffit de les qualifier pudiquement de « variantes ». Mais comment se fait-il que la communauté n'ait pas gardé une mémoire plus exacte de ses fondateurs ? De l'aveu des textes, le groupe des premiers disciples était pourtant en très faible nombre.

Il faut s'interroger. Étaient-ils davantage que douze ? Ou moins nombreux ?

Donné pour intangible, le fait est que le groupe a l'air de fluctuer.

Bien que Pierre soit toujours mentionné en tête de liste chez les synoptiques et Judas en queue, leur ordre varie comme s'il n'y avait pas ni préséance ni hiérarchie. Comme si, en réalité, au fur et à mesure des pérégrinations de Jésus, certains rentraient dans le groupe, d'autres l'abandonnaient, ne serait-ce que provisoirement.

Qui étaient les disciples de Jésus ?

Il est particulièrement étonnant de voir la discrétion avec laquelle les évangiles canoniques entourent les disciples.

Hormis dans l'évangile de Jean qui fait un détour par la Judée (mais ce n'est pas invraisemblable si Jésus a recruté ses premiers disciples parmi les baptistes), les compagnons de Jésus sont plutôt originaires de Galilée, tout comme Jésus.

C'est dans cette région au nord du pays que se déroule, selon les évangiles, l'essentiel de ce que l'on appelle le ministère de Jésus, son activité publique. Cette origine géographique est d'autant moins contestable qu'elle n'est pas flatteuse. Elle devait même être quelque peu gênante.

Deux détails le montrent. Au milieu de la foule de Jérusalem, des voix s'élèvent pour dénigrer Jésus : « Est-ce de la Galilée que doit venir le Messie ? » (Jn 7, 41). Dans le cour du Temple, Pierre est sur le point d'être arrêté après son maître. On l'interpelle en ces termes peu amènes : « Vraiment tu en es, et d'ailleurs tu es galiléen ! » (Mc 14, 70).

Les disciples forment un groupe le plus souvent indistinct dont ne se détachent que quelques figures et, en premier lieu Simon Pierre. Rares en fait sont ceux sur lesquels les évangiles nous apportent des lumières. Si l'on prend l'exemple de Pierre, il est étonnant de constater, qu'à part Matthieu, qui l'institue successeur de Jésus, les textes généralement cherchent à rabaisser son personnage, de le ravaler en deuxième ou troisième position, s'efforçant par tous les moyens de mettre à rude épreuve son autorité.

A lire les quatre évangiles, il est difficile de se faire une idée nette de la sociologie des disciples. Matthieu dit de son homonyme qu'il est percepteur, péager, et selon Jean, Nathanaël est un paysan aisé. Pierre et les deux fils de Zébédée, Jacques et Jean sont des pêcheurs qui travaillent sur le lac de Tibériade. On ne sait s'ils sont pauvres ou plutôt riches (car il est dit que le père Zébédée a des employés dans sa barque). Appartenaient-ils à la classe moyenne comme on pourrait le déduire de l'arrière-plan de nombreuses paraboles mettant en scène des petits propriétaires fonciers, ou au prolétariat rural, aux journaliers, aux travailleurs saisonniers, ce qui expliquerait que les disciples n'ayant rien abandonnent tout ?... Mais la vocation miraculeuse des disciples telle qu'elle est toujours rapportée par les évangiles reproduit à vrai dire le schéma typique de l'appel du disciple dans la Bible.

L'impression générale, dès lors qu'ils suivent Jésus, est celle de va-nu-pieds, vivant d'aumônes et de mendicité. Quoique l'évangéliste Jean soit le seul à faire de Judas le trésorier, la caisse de la petite troupe ne devait pas être bien remplie !

Y avait-il des femmes parmi les disciples ?

Si aucune des listes ne mentionne de femmes parmi les douze disciples, elle ne sont pourtant pas absentes du cercle qui entourait Jésus ou les disciples. Paul, dans l'épître aux Corinthiens, s'interroge : « N'avons-nous pas le droit d'emmener avec nous une femme croyante, comme les autres apôtres, les frères du Seigneur et Céphas (Pierre) ? » (I Co 9, 5). Ce qui tend à prouver que tous ces hommes étaient mariés ou, en tout cas, avaient une femme. Pour Pierre, la chose est même clairement dite puisque Jésus guérira sa belle-mère.

Marc en cite trois « qui le suivaient et le servaient lorsqu'il était en Galilée » (Mc 15, 41) : Marie de Magdala (ou Marie-Madeleine) (Mc 16, 9), Marie la « mère de Jacques le petit et de José » et Salomé. L'évangile de Luc complète le tableau avec davantage de netteté : « Et il advint ensuite qu'il cheminait à travers villes et villages, prêchant et annonçant la Bonne Nouvelle du Royaume de Dieu. Les Douze étaient avec lui ainsi que quelques femmes qui avaient été guéries d'esprits mauvais et de maladies : Marie, appelée la Magdaléenne, de laquelle étaient sortis sept démons, Jeanne, femme de Chouza, intendant d'Hérode, Suzanne et plusieurs autres qui les assistaient de leurs biens » (Lc 8, 1-3). L'assistance matérielle suggérée à la dernière phrase est d'ailleurs typique des soucis d'argent qui préoccupent beaucoup la première communauté chrétienne au temps des Actes des Apôtres.

Parmi les femmes inconnues qui environnent Jésus, Marie-Madeleine a éveillé les imaginations.

Elle n'a pas fait qu'inspirer les romanciers ou les artistes de l'époque moderne, mais aussi, contrairement aux idées toutes faites, la littérature chrétienne elle-même.

L'évangile de Jean qui écarte de Jésus toute escorte féminine racontera entre les lignes du récit de la résurrection une sorte d'histoire d'amour. Marie-Madeleine est tout en larmes. Jésus ressuscité lui apparaît en premier et lui murmure « Ne me touche pas » (Jn 20, 17). Le duo semble prolonger l'action de grâce rendue auparavant dans le même évangile, la scène d'adoration plutôt à laquelle se livre Marie la sœur de Lazare pour fêter la résurrection de son frère : « Marie, prenant une livre de parfum de nard pur, de grand prix, oignit les pieds de Jésus et les essuya avec ses cheveux ; et la maison s'emplit de la senteur du parfum » (Jn 12, 3).

Le quatrième évangile a modelé un véritable personnage. C'était beaucoup à côté des évangiles synoptiques, ce n'était rien à côté de certains des évangiles apocryphes des IIe et IIIe siècles. Dans l'évangile de Pierre, Marie-Madeleine a rang de disciple, dans l'évangile de Thomas, elle débat avec Simon-Pierre, elle est celle que Jésus « préfère » dans l'évangile de Marie et elle apparaît dans l'évangile de Philippe pour sa « compagne ».

Jésus était-il célibataire ?

Bien qu'il soit en âge d'être marié, Jésus n'a ni femme ni compagne dans les évangiles canoniques.

Autant l'histoire du christianisme nous a habitués à cette image, au point que son apparent vœu d'abstinence ne nous surprend même plus, autant le célibat de Jésus ne va pas de soi du point de vue du judaïsme. Dieu, dans la Genèse, appelle l'homme et la femme qu'il a créés à

être féconds et à se multiplier. Le premier commandement positif que la Bible adresse aux juifs est de se marier
et de procréer.

Le célibat n'était donc aucunement valorisé. Jérémie
constitue la seule exception notable parmi les prophètes
d'Israël.

Ou alors est-ce le soupçon d'une naissance illégitime
qui expliquerait la situation de Jésus, le Deutéronome
stipulant que « le bâtard est écarté de l'assemblée de
Yahvé » (Dt 23, 3) ? Juif « paria », il n'aurait pu épouser
une israélite. Mais la malédiction pouvait se renverser et
apparaître comme un signe d'élection par Dieu. Le livre
d'Osée raconte ainsi qu'Yzréel est né de la prostitution
sur ordre de Yahvé pour être l'instrument de la réunion
des fils de Juda et d'Israël.

Dans ce même ordre d'idée, il est frappant de constater
que, contrairement aux récits bibliques où le thème est
permanent, dans les évangiles Jésus n'est jamais invité à
guérir la moindre femme stérile. Et mis à part la naissance
de Jésus, et celle de Jean le Baptiste chez Luc, il n'y a
pas une seule naissance dans l'ensemble du Nouveau
Testament.

A aucun moment, Jésus ni aucun de ses disciples
n'envisagent la moindre descendance, convaincus peut-
être qu'à si peu de jours de la Fin des temps la question
de la perpétuation de l'espèce n'a plus de sens.

Les disciples ont-ils écrit ?

Les évangiles, sans aucune exception, nous sont parvenus en grec.

Comment des pêcheurs galiléens comme Pierre, André

ou Jacques et les autres, même s'ils pouvaient en connaître quelques rudiments parlés, auraient-ils pu maîtriser
suffisamment cette langue pour concevoir et composer
ces récits littéraires, ces textes savants que sont les évangiles ? D'autre part, pourquoi auraient-ils écrit ? Jésus
leur avait annoncé l'arrivée du royaume de Dieu et la Fin
des temps, et rien ne justifiait d'ajouter un seul mot à la
Bible hébraïque, leur seul livre, ni de léguer aux générations futures l'héritage de leur maître.

Contrairement aux légendes, aucun des douze disciples, aucun des apôtres n'a écrit d'évangile. Les rédacteurs ne sont pas contemporains des faits qu'ils relatent.
Jésus ne nous est connu qu'à travers des textes de disciples de disciples qui, à plusieurs mains, en plusieurs phases, fixeront ou bouleverseront les traditions orales, les
sentences, les récits relatifs à Jésus, mettront par écrit « la
Bonne Nouvelle » (*evangelion* en grec).

Il faut donc imaginer que chaque texte a eu plusieurs
rédacteurs, qu'il a été écrit en plusieurs strates, qu'il a
été développé ou corrigé par plusieurs copistes.

Il y a donc un écart important entre les récits évangéliques et les événements, les actes, les paroles qu'ils rap-
portent, écart à la fois géographique (dans la forme que
nous connaissons, les textes ont été écrits loin de Palestine, dans la Diaspora), écart également chronologique
(aucune certitude ne règne là non plus, mais dans leur
état quasi-actuel, les textes s'échelonnent entre les années
65-70 au plus tôt – pour l'évangile de Marc qui invente
le genre – et les années 90 pour le quatrième évangile,
celui de Jean qui lui donne sa perfection littéraire).

Les évangiles ne sont donc en aucun cas des témoignages oculaires (quoiqu'ils le prétendent eux-mêmes

comme Luc ou Jean) ni des sortes de « reportages » comme on le laisse croire quelquefois.

Les quelques dizaines d'années écoulées entre la vie et la mort de Jésus et l'écriture des récits ne donnent pas non plus aux évangiles une valeur de documents « historiques ». Le temps n'a pas servi à refroidir l'histoire, à la décanter de ses interprétations.

Les évangiles, répétons-le sans cesse, sont des compositions littéraires, ce sont des récits théologiques, des manifestes portés par la conviction que Jésus n'était pas un homme semblable aux autres, qu'il n'est pas mort mais qu'il est ressuscité, qu'il est le messie, le Christ, et qu'il va revenir. C'est cette « histoire » qu'ils veulent proclamer. Mais l'histoire ne se proclame pas, elle s'écrit...

Qui sont donc les auteurs des évangiles ?

La conception de « l'auteur » dans les littératures de l'Antiquité est très différente de la conception moderne. En outre les évangiles, par leur fonction religieuse, sont des textes qui expriment avant tout la sensibilité et les problématiques d'une communauté. Ainsi les différences entre les quatre évangiles canoniques ne sont pas seulement des différences de point de vue ou de style, mais l'expression de positions et de pratiques différentes, l'émanation de diverses zones d'influence.

D'où les phénomènes d'évolution que l'on peut constater d'un évangile à l'autre (l'exemple précédent de Jean le Baptiste en est un parmi beaucoup d'autres).

D'où le caractère parfois extrêmement composite des évangiles, capables d'intégrer et de coaguler dans le même texte ce qui nous paraît aujourd'hui des anomalies criantes : répétitions, doublets, excroissances, contradictions (les disciples en trop ou en moins en offrent un autre exemple), prouvant que plutôt que de retrancher et d'effacer ce qui était gênant, l'accumulation a largement prévalu.

Sans risque d'erreur, on peut donc affirmer qu'aucun des textes n'a été écrit du début à la fin (et encore moins de la première à la dernière page, tels que nous les lisons dans nos éditions actuelles), qu'aucun d'eux n'a été écrit par un auteur unique.

Qui sont alors Marc, Matthieu, Luc et Jean ?

Ce préalable étant rappelé, il n'en est pas moins vrai que chaque évangile porte l'empreinte sur le plan littéraire, d'une personnalité indéniable – un individu ou une « école » (dans le sens que connaît le mot en philosophie ou en peinture). L'indication qui les spécifie chacun (« selon Marc », « selon Matthieu », « selon Luc », « selon Jean ») veut indiquer qu'il n'existe qu'un seul et unique Évangile mais qu'il est interprété par différentes voix, porté par différents interprètes. Cette mention n'est pas d'origine. Elle est une addition qui remonte au cours du IIᵉ siècle, soit un siècle après l'écriture des évangiles. Elle est apparue quand au moins deux évangiles ont été utilisés par la même communauté, et qu'il a fallu les nommer pour les distinguer.

Anonymes jusque là, les évangiles reçoivent un signataire. Papias, l'évêque de Hiérapolis vers l'an 100, puis Clément d'Alexandrie et enfin Irénée, les Pères de l'Église qui en sont responsables, donnent aux quatre

« auteurs » en même temps qu'un nom une sorte de biographie. Ces « biographies » qu'ils prétendent tenir de la
tradition et qui ont eu longtemps force de loi relèvent au
moins autant de la légende. Elles sont apologétiques, elles
visent à donner une légitimité à ces textes en les plaçant
directement ou indirectement sous le patronage de l'un
des douze disciples ou sous l'autorité d'un apôtre.

Les épîtres mises sous le nom de Pierre ou de Jean, de
Jacques ou de Jude sont encore plus tardives et n'ont
jamais été l'œuvre de leur signataire. La critique
s'accorde, par exemple, à reconnaître dans les épîtres de
Pierre des textes écrits après sa mort, dans un milieu de
culture grecque, pour lui faire endosser des positions qui
sont plutôt celles de Paul !

Qui se cache derrière les évangélistes ?

Marc n'a jamais connu Jésus, il passe pour être
« l'interprète » de Pierre. C'est-à-dire à la fois son tra-
ducteur et son commentateur, bien qu'il ne l'honore pas
particulièrement dans son évangile. Luc, de même, aurait
été un compagnon de voyage de Paul... Paul qui, de son
propre aveu, n'avait pas connu Jésus non plus. Quant à
Matthieu et à Jean, on aimerait laisser entendre leur
appartenance aux Douze, le premier étant le collecteur
de taxes recruté par Jésus et le second, « le disciple bien-
aimé » selon les uns, le fils de Zébédée selon d'autres.

Cette généalogie est une fiction sans la moindre preuve
ni historique ni littéraire. Mais on comprend bien qu'elle
visait de bonne foi à rapprocher les auteurs des évangiles
de Jésus lui-même.

Ce n'est sûrement pas un hasard si c'est à partir du

IIᵉ siècle également que d'autres évangiles, les futurs
évangiles apocryphes, donneront la parole aux autres disciples : outre l'évangile de Thomas, apparaîtront les évangiles de Pierre, de Philippe, d'André, le proto-évangile
de Jacques, les Questions de Barthélemy, sans compter
les récits de la vie des disciples eux-mêmes, avec les
Actes d'André, de Jean, de Pierre, de Philippe...

On comprend en effet que certains auteurs de l'époque
héroïque aient voulu peindre en couleurs vives la destinée
et le témoignage de certains des disciples. Les apocryphes
s'en donneront à cœur joie.

III

LE RABBI THAUMATURGE

Que sait-on de Jésus adulte ?

Les récits de l'enfance de Jésus sont des fictions. De ce que fit Jésus entre sa naissance et le moment où il apparaît sur la scène publique, il ne peut y avoir que des spéculations, même si « la vie cachée » de Jésus continue de faire rêver beaucoup d'auteurs. Peut-être avait-il une famille, une femme, des enfants qu'il abandonne pour se consacrer à sa mission comme il l'exige de ses disciples ? Nous n'en savons rien.

Même son métier supposé est plus problématique qu'on ne croit. Contrairement à Pierre, pêcheur sur le lac de Tibériade, jamais Jésus n'est montré en action. « Celui-là n'est-il pas le charpentier ? » (Mc 6, 3), lit-on seulement dans l'évangile de Marc. L'évangile de Matthieu laisse entendre qu'il s'agirait plutôt de la profession de son père : « Celui-là n'est-ce pas le fils du charpen-tier ? » (Mt 13, 55).

Mais le charpentage étant un savoir-faire quasiment inconnu alors en Galilée où les habitations étaient bâties en torchis. Il faut rêver sur le mot grec *tekton*, pour occu-

per Jésus ailleurs que dans les villages de campagne. Il
faudrait l'imaginer parmi la main-d'œuvre des grands
chantiers de travaux publics, à Séphoris dont le nom n'est
pas prononcé dans les évangiles, puis à Tibériade. Et cela
alors même que Jésus évite systématiquement les villes de
Galilée.

Certes les dates coïncident, mais comment penser sans
l'ombre d'une hésitation que Jésus ait pu se jeter dans la
gueule du loup en allant travailler dans ces cités de prestige, dans ces places fortes du pouvoir d'Hérode, qui voit
en lui un Jean le Baptiste ressuscité, dans ces villes mar-
quées par l'héllénisation ?

Ce qui n'est pas invraisemblable n'est pas nécessairement vrai. Pourquoi pas, mais pourquoi – puisque rien ne
vient étayer cette hypothèse, que d'autres suppositions ?

Démentant cette hypothèse, dans les récits évangéliques, jamais Jésus ne travaille le bois, jamais ses paroles
et ses paraboles ne renvoient à ce métier, à une expérience
artisanale, mais aux travaux de la terre, à la vie des bergers, à celle des pêcheurs.

Détail sans grande importance (sauf pour les Pères de
l'Église qui y verront une préfiguration du bois de la
croix), le titre de « charpentier » ne serait-il pas plutôt
une façon de parler, une métaphore que l'on aurait prise
peu à peu à la lettre ? Dans le Talmud de Jérusalem, on
lira : « C'est quelque chose que nul charpentier, nul fils
de charpentier ne peut expliquer. »

Or c'est précisément cette association d'idées qui
transparaît dans l'évangile de Marc pour définir Jésus :
« Le sabbat venu, il se mit à enseigner dans la synagogue,
et le grand nombre en l'entendant était frappé et disaient :
"D'où cela lui vient-il ? Et qu'est-ce que cette sagesse

qui lui a été donnée et ces grands miracles qui se font par ses mains ? » (Mc 6, 2).

Qualifier Jésus de « charpentier » ou de « fils de charpentier » n'était-ce pas vouloir dire, au sens figuré, que ce n'était pas un artisan mais « un sage » ?

Jésus est célèbre pour ses miracles...

L'évangile de Marc contient une vingtaine de récits un tant soit peu détaillés d'actes miraculeux, soit un volume proportionnellement plus important que celui du récit de la Passion.

A la lecture de Marc, on a même l'impression par moment d'assister aux pratiques quotidiennes de Jésus.

On le voit qui enfonce les doigts dans les oreilles d'un sourd, met de la salive sur la langue d'un muet ou d'un bègue, crache sur les yeux d'un aveugle, touche les corps infirmes et difformes, impose les mains ou guérit d'une parole les paralytiques comme les fous. On se souvient de sa voix qui prononce en araméen la phrase magique qui relève les morts : « *Talitha koum* ! » (Mc 5, 41) ou « *Ephphata* ! » (Mc 7, 34).

La première conclusion que l'on doit déduire c'est que les évangiles sont, en tout état de cause, l'écho du charisme extraordinaire du personnage.

De ce pouvoir, de ce magnétisme, un autre indice pourrait être tiré de la force avec laquelle Jésus attire ses compagnons, les recrute : même s'il y a là l'expression d'un schéma biblique traditionnel, c'est une fascination immédiate et irrésistible qu'il exerce sur eux dès leur première rencontre, comme s'il hypnotisait ses disciples.

Mais pourtant Jésus a l'air de refuser ce rôle...

Les miraculés qui sillonnent les évangiles disparaissent corps et âme à mesure qu'ils sont rétablis : aucun d'eux n'intègre la troupe des disciples, aucun n'accède au statut de personnage, aucun n'a de destin.

Que l'indication soit historique ou qu'elle relève de la prudence ultérieure des rédacteurs, le personnage de Jésus en guérisseur est toujours placé comme en retrait par rapport au pouvoir apparemment surhumain dont il jouit.

Il cède aux suppliques sans prendre lui-même l'initiative d'accomplir de guérison, il refuse les phénomènes prodigieux qu'on le met au défi de provoquer, il ne cherche jamais à tirer gloire de ces « miracles », il demande plus d'une fois à celui ou celle qu'il a sauvé de garder le secret...

Il serait déplacé d'y voir des mobiles de nature psychologique.

Ce Jésus thaumaturge et faiseur de miracles, en même temps qu'il offre à travers les évangiles l'apparence d'un personnage pittoresque et humain, attentif aux désordres des corps et des âmes, sensible à la souffrance et à la détresse, docteur des plus démunis et révélateur de l'humanité qui peuple les campagnes et les bourgades de son temps, recèle une inquiétude que les premiers textes se sont employés à calmer.

La dimension extraordinaire pour ne pas dire surnaturelle qui est aujourd'hui indissociable de l'image de Jésus n'était pas une évidence pour les premiers textes chrétiens. Les épîtres de Paul n'en donnent qu'une évocation implicite sans jamais rentrer dans le moindre détail, la liste de paroles que contient l'évangile apocryphe de Thomas ne rapporte aucun miracle.

L'activité thaumaturgique est en effet à double tranchant. Le Deutéronome, la loi de Moïse, s'en méfie et condamne « les faiseurs de songes » car leurs « prodiges » s'ils se réalisent pourraient amener à adorer d'autres dieux que Yahvé. Ce n'est pas un hasard si jusqu'au Moyen Age, les *Toledot Yeshu*, ces polémiques juives antichrétiennes, accuseront Jésus d'avoir été un sorcier. Chrétiens et juifs s'accuseront d'ailleurs mutuellement de magie et de sorcellerie pendant des siècles.

Mais, bien avant, ces accusations sont déjà présentes dans les évangiles canoniques.

Si elles le sont c'est qu'il fallait y répondre, donner des arguments pour réagir aux attaques qui ont dû être réelles. « Et les scribes, écrit Marc, qui étaient descendus de Jérusalem disaient : "Il est possédé de Béelzéboul", et encore : "C'est par le prince des démons qu'il expulse les démons" » (Mc 3, 22). Le motif est également développé par les deux autres évangiles synoptiques et spécialement par Matthieu. « N'avons-nous pas raison de dire [...] que tu as un démon ? », s'exclament « les Juifs » dont l'évangile de Jean fait tout au long de son récit les ennemis de Jésus (Jn 8, 48).

Le quatrième évangile va même plus loin que de fournir des éléments de réponse. Sur ce terrain il ne propose ni contre-attaque ni sous-entendus. Jean sape à la base l'accusation de connivence démoniaque formulée à l'encontre Jésus : après lui personne ne pourra plus vraiment, au motif qu'il parlait aux démons, accuser Jésus d'être l'un des leurs... L'évangile de Jean supprime en

effet purement et simplement toute espèce d'exorcisme
de ses récits de miracles.

Tout cela est bien la trace que les adversaires de Jésus
ne récusaient pas les guérisons, qu'ils ne pouvaient s'en
prendre qu'à leur signification non à leur existence.

Peut-on être certain de la réalité de ces miracles ?

L'activité miraculeuse est une caractéristique indéniable de la personnalité de Jésus. Mais elle est à relativiser,
et à plusieurs titres, car on doit nécessairement la situer
dans un contexte plus large.

La qualification de miracle a acquis de nos jours un
prestige ou une irréalité qu'elle n'avait pas nécessairement du temps de Jésus, c'est-à-dire à une époque où la
médecine était inexistante ou impuissante. L'on remar-
quera que beaucoup des miracles de Jésus sont en fait
des guérisons et des exorcismes.

La profession de médecin est alors une activité très
peu considérée. Elle semble d'autant plus lucrative
qu'elle est inefficace. L'évangile de Marc évoque ainsi
le cas d'une hémorroïsse, une femme atteinte d'un flux
de sang depuis des années « qui avait beaucoup souffert,
précise le texte, du fait de nombreux médecins et avait
dépensé tout son avoir sans aucun profit, mais allait plutôt
de mal en pis » (Mc 5, 26). Matthieu ôtera de la saynète
la touche d'ironie, tout comme Luc (qui passait même,
mais sans aucun titre, pour avoir été médecin).

Contrairement à l'exercice de la médecine qui semble,
du moins hors du monde grec, un métier de charlatan et
de voleur, l'activité de thaumaturge force le respect. Elle
recouvre diverses pratiques d'élimination de ceux que

l'on nomme d'un terme générique « les démons », tout ce qui entrave et dérange les êtres, toutes les « possessions », les situations de « folie » qui pendant encore des siècles laisseront démunie la médecine traditionnelle. Les manipulations physiques, le travail psychique, la mise en état d'hypnose, les techniques de transfert et de conversion des symptômes sont ainsi très déchiffrables d'un point de vue clinique sous la description des évangiles.

De miracle en miracle, de guérison en guérison, d'exorcisme en exorcisme, Jésus est essentiellement, en réalité, montré portant remède aux « blessures de l'âme », à des patients victimes de pathologies somatiques, à des épileptiques, à différentes sortes d'hystériques.

Les guérisons qu'opère Jésus se divisent ainsi en deux catégories, toujours les mêmes. Soit Jésus guérit ceux dont le corps porte la trace visible de leur mal (de leurs péchés ?) : paralytiques, lépreux, sourds, aveugles... Soit il guérit ceux dont le corps conserve son intégrité physique mais qui portent en eux les péchés qui les tourmentent : démoniaques, possédés, exaltés, aliénés...

La dimension proprement merveilleuse, littéralement miraculeuse, des guérisons mises au crédit de Jésus tient sûrement beaucoup à ce qu'elles n'ont pas l'air d'être des rémissions, mais des changements définitifs, sans résistance ni persistance des symptômes, des retours à la normale, des volte-face.

N'était-ce pas un don unique ?

Le deuxième point important qu'il faut avoir à l'esprit, c'est que Jésus n'est pas l'unique faiseur de miracles de son temps, même si la tradition chrétienne a nécessaire-

ment fait le vide autour de lui. Aujourd'hui encore en
Israël, on entend dire couramment de celui qui ne croit
pas aux miracles qu'il n'est pas réaliste...

Sur la personne de Jésus ont été focalisés des modes
de comportement que l'on retrouve dans l'histoire jusqu'à
aujourd'hui, mais d'abord au tournant du Ier siècle. Apol-
lonius de Tyane, qui mourut à Éphèse vers l'an 95, était
connu par un récit de Philostrate l'ancien qui raconte ses
guérisons et le cas de réanimation d'une jeune fille, tom-
bée comme morte, vraisemblablement dans le coma.

En Galilée, vers les années 50 de notre ère, Hanina
ben Dosa, réputé pour sa piété et sa pauvreté, est capable
d'actes tout aussi extraordinaires, remarquables pour leur
similitude avec ceux de Jésus. Selon le Talmud de Babylone, il a fait disparaître la fièvre qui ne quittait pas le
fils de Gamaliel (le rabbin dont il est aussi question dans
les Actes des Apôtres) en le guérissant à distance, et aussi
le fils de Yohanan ben Zakaï, autre grande figure du
mouvement pharisien.

L'évangile de Matthieu insistera justement sur l'activité d'exorcistes d'obédience pharisienne, et l'on voit
généralement dans les évangiles synoptiques que Jésus
est en butte à la concurrence d'autres guérisseurs. Déni-
grés comme il se doit en tant qu'« imposteurs » et
« magiciens », il sont encore plus visibles dans les
Actes des Apôtres où ils rôdent tout autour de la mer
Égée et de l'Asie mineure. Ils s'appellent Simon le
Magicien, Élymas, les fils du grand-prêtre Scéva, et
même sur l'île de Chypre, à Paphos, Bar-Jésus, « magicien, faux prophète juif » (Ac 13, 6) dont le nom signifie « fils de Jésus ».

Mais si besoin est, la preuve la plus éclatante que Jésus

n'est pas seul de son espèce, c'est que les disciples aussi doivent partager ce pouvoir.

Ils sont engagés par Jésus qui institue les Douze « pour être ses compagnons et pour les envoyer prêcher avec pouvoir de chasser les démons » (Mc 3, 14-15). Une fois en mission, « il est rappelé incidemment qu'ils chassaient beaucoup de démons et faisaient des onctions d'huile à de nombreux infirmes et les guérissaient » (Mc 6, 13).

Après la mort de Jésus, les disciples continuent à témoigner de leur don. Pierre et Jean guérissent à Jérusalem un impotent. En Samarie, Philippe sauve des paralytiques et exorcise les possédés, il enrôle même pour un temps Simon le Magicien, puis après d'autres miracles accomplis par Pierre, Paul à son tour se montre à la hauteur de son devancier, si bien que l'on peut lire sur lui cette notice : « Dieu opérait par les mains de Paul des miracles peu banals, à tel point qu'il suffisait d'appliquer sur les malades des mouchoirs ou des linges qui avaient touché son corps : alors les maladies les quittaient et les esprits mauvais s'en allaient » (Ac 19, 11-12).

Le dessein hagiographique de ces portraits est certain, d'autant qu'il permet de rétablir l'équilibre entre les deux principaux héritiers de Jésus. Mais l'essentiel est de voir que le privilège d'accomplir des guérisons miraculeuses n'est pas réservé à Jésus, y compris à l'intérieur du Nouveau Testament.

Tous les miracles prêtés à Jésus sont-ils crédibles ?

Il faut toujours envisager les miracles par rapport aux textes qui les relatent.

Les miracles, avant d'être des actions, des phénomènes explicables ou inexplicables, parfois d'extraordinaires coïncidences (mais rien d'autre que le fait du hasard) sont des récits, des histoires. Comme l'écrivait un exégète chrétien, l'activité de Jésus en la matière appartient au domaine de l'histoire, « même si chacun des récits de miracle doit être considéré comme invraisemblable. »

Il suffit de comparer les évangiles entre eux pour vérifier ce qui se passe dans le texte. On y voit souvent le même récit s'enrichir, se répéter, ou prendre une portée qui transcende et transforme l'anecdote (réélaboration qui est sûrement représentative de l'arrière-plan géographique et culturel spécifique à chaque évangile, et donc de son rapport au fantastique).

Chez Matthieu, les miracles de Jésus sont presque identiques à ceux que rapporte l'évangile de Marc, même si plus d'une fois il pratique la surenchère et multiplie par deux ou davantage le nombre des bénéficiaires de guérisons. Mais l'accent est mis désormais sur la portée proprement théologique des miracles, sur leur signification symbolique : ils sont présentés comme des accomplissements de prophéties bibliques, ils visent manifestement à accréditer la nature surnaturelle du personnage de Jésus, ils font partie du plan divin et cosmique que Matthieu, particulièrement, cherche à attester.

Luc poursuit le travail entrepris par Matthieu, il continue d'élaguer les récits les plus naïfs ou les plus incroyables. Si Jésus ne marche plus sur les eaux, en revanche, d'autres guérisons apparaissent qui servent surtout à illustrer et à nourrir l'enseignement de Jésus. Ces récits additionnels sont écrits comme de petits drames édifiants. Leur caractère émouvant est renforcé, mais ils visent avant tout à étonner, à provoquer la stupeur. Ce sont, plus clairement qu'ailleurs, des prodiges.

Chez Jean, enfin, beaucoup de récits de miracles ont disparu, et pas seulement les exorcismes qui ont tous été abandonnés sans remords. Mais leur portée est plus essentielle.

En dehors de toute véracité ou vraisemblance, ils construisent une des lignes de force de l'architecture du texte. Ce n'est probablement pas un hasard si, en dehors de ceux qui sont simplement évoqués, ils sont au nombre de sept, nombre symbolique (soit trois fois moins que chez Marc). Certains commentateurs considèrent que la strate la plus ancienne de l'évangile de Jean était d'ailleurs constituée par ces sept miracles extraordinaires : ils touchent à l'ordre même de la nature. Les noces de Cana et la résurrection de Lazare, pour ne citer que deux des plus célèbres, apparaissent pour la première fois dans le quatrième évangile.

Bien qu'exceptionnels, ces miracles sont ignorés des trois évangiles synoptiques et indiquent une création de l'évangéliste. Ce ne sont pas des comptes rendus malgré le soin apporté à leur composition, malgré leur souci du détail juste, ce sont de véritables allégories qui mettent en image, de l'eucharistie à la vie éternelle, quelques-unes des croyances les plus fondamentales du christianisme primitif.

Les miracles seraient des inventions ?

D'évangile en évangile, c'est à une amplification que l'on assiste, à un *crescendo*.

Prenons pour exemple précis un cas de « résurrec-

tion ». Chez Marc, la petite fille de Jaïre est encore mou-
rante quand son père vient chercher Jésus pour la sauver.
Chez Matthieu, l'enfant a fini de vivre. Luc conserve telle
quelle la version de Marc, mais il raconte, il est le seul,
le cas du fils de la veuve de Naïn que Jésus ramène à la
vie alors que l'on portait en terre son cercueil. Chez Jean,
ni le fils de Naïn ni la fille de Jaïre n'existent dans le
récit, à leur place se trouve Lazare (totalement ignoré en
revanche des autres évangélistes). Lorsque Jésus vient
enfin le visiter car il était malade, non seulement Lazare
est déjà mort, non seulement il est déjà au tombeau, mais
« il sent déjà : c'est le quatrième jour » (Jn 11, 39).

Sans être des inventions à part entière, il faut avoir
conscience que les récits de miracles sont des constructions littéraires, des mélanges.

Mélanges d'histoires vraies, d'histoires vécues par
Jésus, vécues par d'autres, pastiches, emprunts, paraboles
transformées en récits, catéchèses mises en images,
accomplissement d'une prophétie biblique dont ces ver-
sets d'Isaïe montrent aisément le prototype : « Alors se
dessilleront les yeux des aveugles, et les oreilles des
sourds s'ouvriront. Alors le boiteux bondira comme un
cerf et la langue du muet criera sa joie » (Is 35, 5-6).

On a même repéré dans les récits de miracles des sché-
mas communs qui sont typiques de la tradition orale, des
procédés mnémotechniques dont devaient se servir les
prédicateurs itinérants qui étaient des conteurs. Cela
laisse supposer que certains récits ont été fabriqués après
coup comme des variations à partir d'un modèle initial.

On peut donc penser qu'à partir de ces données et selon
un nombre relativement restreint de combinaisons, les
auteurs des évangiles ont pu « produire » des miracles

sans que la réalité de tel ou tel ait besoin d'être attestée. Il n'y a en fait qu'un seul miracle : Jésus guérit. Il est en soi le médecin et le remède.

Les guérisons procèdent ainsi toujours d'un mouvement de Jésus vers le malade ou, au contraire, du malade vers Jésus ; le mouvement étant une part importante de la construction du récit.

Les miracles sont à placer au premier rang dans l'argumentaire des missionnaires chrétiens, des apôtres qui chercheront à convaincre Israël que Jésus est bien le messie attendu. Plus que tout argument spécifiquement théologique, le miracle parle au peuple.

Quelle est la portée théologique des miracles ?

Ce qui est prépondérant pour les auteurs du Nouveau Testament, c'est le sens que l'on donne aux actes miraculeux.

Rappelons d'abord qu'il n'y a jamais de « miracle » dans le Nouveau Testament. Le mot que nous résumons ou que nous traduisons ainsi ne figure jamais dans le texte grec des évangiles. On y parle « signes », « œuvres » (chez Jean) ou « puissances » (dans les évangiles synoptiques).

Deux attitudes essentielles en découlent. Le miracle, dans les évangiles, est un acte de foi, un appel à croire. Sans croyance (ou sans croyance suffisante), pas de miracle. « En vérité je vous le dis, enseigne Jésus à ses disciples, si quelqu'un dit à cette montagne "soulève-toi et jette-toi dans la mer", et s'il n'hésite pas dans son cœur, mais croit que ce qu'il dit va arriver, cela lui sera accordé » (Mc 11, 23).

Donc si le miracle ne se produit pas, c'est que la foi, même grande, ne suffit pas... Et elle risque de ne jamais suffire. Marc en donne a contrario la preuve, quand il raconte l'un des échecs de Jésus : à Nazareth, dans sa patrie où il est méprisé et où on ne le croit pas, « il n'avait pu faire là aucun miracle » (Mc 6, 5).

L'autre composante du miracle relève tout entier d'une question que l'on peut lire également chez Marc à propos de Jésus : « D'où cela lui vient-il ? » (Mc 6, 2).

Les évangiles s'entendent sur la réponse : les miracles viennent de Dieu.

Les miracles envoient un message, ils sont le signal des temps nouveaux, le signe de l'irruption du Royaume de Dieu : « Si c'est par le doigt de Dieu que j'expulse les démons, dit Jésus, c'est donc que le Royaume de Dieu est arrivé jusqu'à vous » (Lc 11, 20). Le miracle met fin au règne de Satan. Il outrepasse les cas personnels, les situations individuelles. Il chasse l'impureté. C'est le pays qui était malade. « Jamais pareille chose n'a paru en Israël » (Mt 9, 33).

Ainsi comprend-on que les disciples aient la double mission de prophétiser (le Royaume) et d'exorciser (les démons). Jésus est l'un des successeurs du Baptiste. Il substitue les guérisons au baptême de purification des péchés, mais les deux gestes relèvent de la même logique. C'est toujours d'Israël qu'il s'agit.

Le célèbre démoniaque de Gérasa que guérit Jésus dans les évangiles synoptiques est le héros crypté d'une fable anti-romaine : « Légion est mon nom, dit-il, car nous sommes beaucoup » (Mc 5, 9). Il porte surtout un nom qui symbolise les troupes d'occupation. Quand Jésus expulse les démons qui le possèdent, c'est sur un troupeau de porcs qu'il les projette, animaux particulièrement synonymes d'impureté pour la religion juive en même temps qu'emblèmes de l'armée romaine qui stationne dans la cité fortifiée de Gérasa.

Exorciser les malades, c'est donc envoyer Satan hors de la terre sacrée.

A qui s'adresse Jésus à travers les miracles ?

En dehors du projet « nationaliste » dans lequel il s'insère – c'est-à-dire religieux et politique selon une terminologie moderne –, l'acte miraculeux permet aussi de deviner ceux qu'il touche.

« Ce ne sont pas les gens bien portants qui ont besoin de médecins mais les malades. Je ne suis pas venu appeler les justes, mais les pécheurs » (Mc 2, 17). La sentence de Jésus a été amplement interprétée et réinterprétée. Mais elle laisse d'abord deviner (au moins en partie) le public qu'ils visaient, lui et les évangélistes : les couches populaires sensibles au merveilleux, les réprouvés, les nécessiteux, les mal-portants certes, mais dans tous les sens du mot, les laissés-pour-compte de la société juive.

L'audience de Jésus réunit ceux que les autres négligent, ceux qui restent à l'écart du système, ceux qui n'ont pas de place, comme lui peut-être, dans les différents courants du judaïsme du Ier siècle.

Héritier du message apocalyptique de Jean le Baptiste, le prophète galiléen ne s'est pas retiré au désert. Proche des pharisiens, voire très proche, il n'appartient pas non plus à leurs cercles intellectuels.

Comment les évangiles nous permettent de situer Jésus dans le judaïsme ?

Les sectaires de Qumrân ne sont pas anathèmes, même s'ils stigmatisent l'impureté des grands-prêtres ou le laxisme des pharisiens. Le Baptiste n'est pas davantage considéré comme hérétique par ses coreligionnaires bien que le geste du baptême de repentance contienne une critique radicale des cultes que l'on pratique dans le Temple de Jérusalem. S'il est mis à mort, c'est du fait d'Hérode Antipas qui redoute l'émeutier mais non l'intégriste ou le réformateur religieux.

Tout cela illustre bien une donnée capitale du temps de Jésus, c'est qu'il existe alors plusieurs formes de judaïsme, plusieurs façons licites d'interroger la Torah, de questionner la parole de Dieu. On pourrait dire plusieurs judaïsmes (d'autant que celui de la Diaspora sensible aux influences du monde gréco-romain n'est pas identique au judaïsme palestinien, dans lequel la Judée se distingue de la Galilée).

Ces formes différentes, parfois très proches, parfois très éloignées et très étanches, coexistent. Cette coexistence alimente tout aussi bien l'indifférence que des tensions très vives, sans qu'une autorité suprême à l'intérieur du judaïsme ne soit en mesure de trancher les débats théologiques.

Tout cela montre que s'il y a certains points de vue jugés peu orthodoxes, il n'existe alors aucune orthodoxie à proprement parler.

Les évangiles sont-ils des témoins fiables du judaïsme du Ier siècle ?

Ce qui fausse totalement notre perspective c'est que les documents qui nous renseignent non seulement sur Jésus mais sur le judaïsme dont il est partie prenante, les évangiles, ne sont pas écrits au même moment.

Quelles que soient encore aujourd'hui les hypothèses des chercheurs qui ne peuvent raisonner que sur des données internes aux textes, non sur des éléments externes qui permettraient de les dater avec certitude et exactitude, il faut en revenir une fois encore à l'époque de formation des textes.

La rédaction de l'évangile de Marc, au moins, dans son dernier stade a lieu au moment où la guerre juive se déclare ou peut-être à l'issue de celle-ci, soit autour de l'année 70.

70 est une date capitale pour l'histoire du judaïsme puisqu'elle voit la prise de Jérusalem par les Romains et surtout la destruction du Temple qui disparaît dans un incendie : Israël perd son centre, et tout le système des offrandes, des sacrifices, des pèlerinages liés au Temple qui ne sera jamais rebâti.

Les évangiles de Matthieu, de Luc et de Jean prennent acte de cette catastrophe, même si, observé de la Diaspora, le vide n'est probablement pas ressenti avec autant d'intensité qu'en Judée. Écrits dans les années 80-90 (du moins, là encore, sous leur dernière forme) ils réagissent non seulement à la destruction du Temple mais surtout à la refonte du judaïsme sous l'égide pharisienne. Juifs pieux et lettrés, les pharisiens mettent en avant pour sauver et redresser Israël le

Livre, l'étude de la Torah. Leur mouvement est à l'origine du judaïsme rabbinique tel que nous le connaissons aujourd'hui. La religion n'est plus fondée sur le Temple, mais sur le Livre.

Ce faisant, pour la première fois en Israël, les pharisiens sont amenés à définir une orthodoxie. Ils mettent en place une interprétation plus normative de la Torah et somment les autres juifs d'y adhérer. Contrairement aux pratiques du temps de Jésus, il y a d'un côté le judaïsme « officiel », celui des pharisiens, et de l'autre des sectaires, des marginaux qui s'en détachent, comme par exemple les baptistes, les disciples de Jésus et d'autres groupes tous chassés de la synagogue et, à terme, déclarés hérétiques. Les évangiles sont ainsi les témoins de ces luttes internes, témoins précieux autant du point de vue de l'histoire du christianisme que de l'histoire du judaïsme.

Les évangélistes réécrivent l'histoire ?

De plus en plus les évangiles vont avoir tendance d'une part à confronter *a posteriori* Jésus à cette orthodoxie qui n'existait pas de son vivant, d'autre part à donner des débats qui ont pu opposer Jésus aux autres juifs de son temps une relecture chrétienne, tout autant anachronique.

Ce qui doit nuancer encore notre regard, comme si l'affaire n'était pas suffisamment délicate, c'est que les sources juives sur le judaïsme pharisien d'après 70 sont essentiellement postérieures, la Mishna, qui réunit les enseignements des rabbins, remontant au plus tôt au début du IIIe siècle (mais fixée dans un contexte moins hostile, elle archive très probablement des traditions et des interprétations d'une certaine ancienneté).

C'est au milieu de ces difficultés qui préoccupent beaucoup le milieu des spécialistes du monde entier qu'il faut toujours essayer d'avancer prudemment.

Peut-on parvenir à déterminer quelle sorte de juif était Jésus ?

Les évangiles ne craignent pas de montrer Jésus sous des aspects antinomiques. Il peut être à la fois prophète inspiré et rabbi, en appeler au bouleversement de la Fin des temps et s'installer dans la durée comme un maître de sagesse, prôner successivement la douceur des béatitudes et la violence du glaive et du feu.

A-t-il voulu rompre avec le judaïsme ?

La question cruciale par laquelle il faut commencer est de se demander si effectivement à un moment ou à un autre Jésus aurait voulu rompre avec le judaïsme.

Dans le Sermon sur la montagne, Jésus reprend un par un chacun des commandements de la loi de Moïse, pour les reformuler à sa manière : « Tu ne tueras point », « Tu ne commettras pas l'adultère », « Tu ne répudieras pas ta femme sans lui remettre un acte de divorce », « Tu aimeras ton prochain et tu haïras ton ennemi », etc. Jésus rectifie invariablement cette énumération par « Eh bien moi je vous dis... », comme s'il se posait en nouveau législateur, en nouveau Moïse. Matthieu, chez qui uniquement apparaît ce « manifeste », a prévenu l'objection en faisant dire à Jésus : « N'allez pas croire que je sois venu abolir la Loi ou les Prophètes. Je ne suis pas venu abolir mais accomplir. Car je vous le dis en vérité : avant que ne passent le ciel et la terre, pas un iota ne passera de la Loi, que tout ne soit réalisé » (Mt 5, 17-18).

Jésus a-t-il transgressé la loi juive ?

S'il avait été accusé d'être un blasphémateur, un faux prophète, un imposteur, Jésus aurait été lapidé (et du point de vue chrétien la responsabilité juive dans la mort de Jésus aurait été établie de manière éclatante, sans complication possible). Ce n'est pas une hypothèse d'école. Cette mort fut celle d'Étienne, le premier martyr chrétien selon les Actes des Apôtres, et celle de Jacques, le frère de Jésus, selon Flavius Josèphe.

Au lieu de cela, les évangiles ne manquent jamais de souligner combien Jésus, évidemment, s'intéresse aux enseignements de la Bible, combien il est foncièrement attaché à la Torah. Ils s'emploient à donner de Jésus l'image d'un juif observant, d'un juif pieux.

On le voit plusieurs fois enseigner dans les synagogues et même une fois, à Nazareth, prononcer la prédication homélitique qui succède à la lecture du livre d'Isaïe, « selon la coutume le jour du sabbat » (Lc 4, 16).

Après avoir guéri un lépreux, Jésus lui ordonne : « Va te montrer au prêtre et offre pour ta purification ce qu'a prescrit Moïse » (Mc 1, 44). Il reconnaît le prélèvement de la dîme sur les produits de la terre, les oboles volontaires au Temple, la valeur des offrandes et des sacrifices.

Alors qu'au Iᵉʳ siècle la pratique en est jugée dépassée par certains, les synoptiques indiquent que Jésus porte des franges à son vêtement comme un religieux particulièrement strict : « Et en tout lieu où il pénétrait, villages, villes ou fermes, on mettait les malades sur les places et on le priait de ne laisser toucher ne fût-ce que la frange de son manteau » (Mc 6, 56).

Jésus s'en est-il pris aux règles de pureté ?

L'attitude de Jésus à l'égard des règles rituelles de pureté a tout l'air de constituer une véritable transgression dans une religion où les frontières entre le pur et l'impur sont capitales.

Il lui aurait ainsi été reproché de prendre des repas avec des mains impures, « c'est-à-dire non lavées », précise Marc qui ajoute comme une mise au point documentaire à l'intention de lecteurs manifestement peu au fait de cette discussion : « Les Pharisiens en effet et tous les Juifs ne mangent pas sans s'être lavé les bras jusqu'au coude, conformément à la tradition des anciens, et ils ne mangent pas au retour de la place publique avant de s'être aspergés d'eau, et il y a beaucoup d'autres pratiques qu'ils observent par tradition : lavage de coupes, de cruches et de plats d'airain » (Mc 7, 2-4).

Après Marc et Matthieu, qui reprend la dispute, la discussion sera même chez Luc l'objet d'un repas confrontant directement les points de vue, opposant sans intermédiaire Jésus et un représentant des pharisiens, à la manière des disputes judéo-chrétiennes qui commencent à s'écrire à partir de la fin du Ier siècle.

Mais il faut toujours être très attentif aux détails.

Ce lavement des mains s'effectue « conformément à la tradition des anciens » précise le texte de Marc, bizarrement tout à coup très laconique. Ce qu'il faut entendre par là c'est que cette pratique n'est pas écrite dans la loi de Moïse, mais qu'elle résulte de ses commentaires, de la Torah orale (selon l'expression des pharisiens) que d'autres juifs discutent et que certains récusent totalement (spécialement les sadducéens).

Quoiqu'il en soit, l'accent serait porté par Jésus sur l'obligation éthique. « Ce qui sort de l'homme, disait-il, voilà ce qui souille l'homme. Car c'est du dedans, du cœur des hommes, que sortent les desseins pervers : débauches, vols, meurtres, adultères, cupidité, méchanceté... » (Mc 7, 21-22). Il n'y a rien pourtant dans cette phrase qui entre en opposition avec les préceptes de la Torah écrite, tout au contraire, puisque l'énumération de Jésus reprend la liste du Décalogue, comme il le fait dans le Sermon sur la montagne.

Comment l'application de la loi de la manière la plus extrême, la plus radicale possible pourrait-elle être considérée comme sa violation ?

C'est que l'impureté morale serait bien plus grave que l'impureté extérieure, au point que l'évangéliste prête à Jésus ce renversement, cette déclaration de principe d'une rare virulence : « Ne comprenez-vous pas que rien de ce qui pénètre du dehors dans l'homme ne peut le souiller parce que cela ne pénètre pas dans le cœur mais dans le ventre, puis s'en va aux lieux d'aisance » (Mc 7, 18-19).

En s'exprimant en ces termes, Jésus remet-il en cause les interdits alimentaires strictement définis par le chapitre XI du Lévitique où est clairement défini comment « séparer le pur de l'impur, les bêtes que l'on peut manger des bêtes que l'on ne doit pas manger » ? Même s'il peut y avoir discussion sur les notions de transgression et d'impureté, le tabou dans le judaïsme est des plus catégoriques.

Jésus a-t-il pu transgresser ce tabou ?

Contrairement à Matthieu, Marc le soutient, ajoutant à la tirade de Jésus, une parenthèse conclusive : « (ainsi il déclarait purs tous les aliments) » (Mc 7, 19).

Il est impensable de considérer cet aparté comme authentique. Impensable, par rapport aux conséquences immédiates que cela aurait entraîné pour Jésus. Or dans la suite du récit, y compris jusque pendant l'évocation du procès, cette transgression n'a aucune incidence sur les relations entre Jésus, les pharisiens de Jérusalem, les habitants des villages de Galilée, comme s'il s'était agi d'une discussion purement formelle. Pourtant ce qui est censé s'être produit aurait été du même ordre, remarquait judicieusement un spécialiste du Nouveau Testament, que « si Salman Rushdie était venu manger du rôti de porc dans la grande mosquée de la Mecque au moment du Ramadan »...

Si Jésus de son vivant avait, par la parole ou par l'exemple, transgressé ce tabou, pourquoi ses successeurs s'affronteraient-ils encore après sa mort sur cette question ? N'aurait-elle jamais été tranchée ? Une telle discussion – du moins dans les termes que nous connaissons aujourd'hui – ne peut avoir eu lieu que quelques dizaines d'années après la mort de Jésus.

Regardons en effet le point de départ de l'épisode. Ce que Marc précise dans son texte c'est que le reproche des pharisiens et des scribes de Jérusalem ne s'adresse pas nominativement à Jésus, mais à ses disciples. D'où l'on doit penser que c'est bien le comportement des premiers disciples chrétiens qui est concerné (aux alentours des années soixante-dix), non celui de leur maître (aux alentours des années trente).

La dispute oppose, en fait, les pharisiens en train de rebâtir le judaïsme après la chute du Temple aux partisans de Jésus qui récusent l'orthodoxie qu'on entend leur imposer.

Jésus a-t-il violé le sabbat ?

Jésus opère soi-disant un autre geste de rupture à l'encontre du judaïsme en foulant un champ de blé le jour du sabbat, et en encourageant ses disciples à l'imiter. « Et il leur disait : "le sabbat a été fait pour l'homme et non l'homme pour le sabbat" » (Mc 2, 27-28). Pour répondre à la critique pharisienne et démentir que ses disciples, encore, aient accompli un « travail » le jour du sabbat, donc un acte interdit, il aurait pu s'appuyer sur le Deutéronome : « Si tu traverses les moissons de ton prochain, tu pourras arracher des épis avec la main, mais tu ne porteras pas la faucille sur la moisson de ton prochain. »

Quand ses disciples, toujours eux, sont accusés de ne pas respecter le jeûne, une tradition que les pharisiens avaient transformée en obligation, Jésus a beau jeu de leur rétorquer que David et ses compagnons, en état de nécessité, mangèrent dans le Temple des pains consacrés.

Une fois de plus, nous sommes conviés à des querelles d'interprétation à l'intérieur du judaïsme. Mais toujours dans ce cadre.

La guérison de l'homme à la main desséchée offre encore un nouveau cas d'école qu'examinent les trois évangiles synoptiques. Est-il interdit ou non de guérir un malade le jour du sabbat ? Les pharisiens considèrent que c'est violer la Loi. Jésus au contraire prétend que c'est la comprendre au plus juste.

« Et vous annulez ainsi la parole de Dieu par la tradition que vous vous êtes transmise » (Mc 7, 13), lance-t-il aux pharisiens : c'est l'expression la plus juste de la nature de la polémique qui l'oppose à ses contradicteurs. Ce n'est pas la lettre de la Torah que contrediraient les enseignements de Jésus mais son interprétation pharisienne.

Les oppositions ne concernent en effet jamais la Torah écrite qui fonde le judaïsme, mais la Torah orale qui est l'expression de la pensée pharisienne, « la tradition que vous vous êtes transmise » selon la tournure pronominale qu'utilise Marc... De même pour l'évangile de Matthieu le Sermon sur la montagne est-il l'occasion de contester, non pas la loi de Moïse (pas un mot notamment n'est dit contre l'obligation du sabbat), mais son interprétation rabbinique. C'est à la volonté hégémonique des pharisiens d'après 70 que s'en prend, après coup, le personnage de Jésus quand il ajoute à chaque commandement son interprétation, sa propre exigence (« Eh moi je vous dis »), comme un autre rabbin.

Selon l'expression de Matthieu, il s'agit pour Jésus et ses disciples de « surpasser la justice des scribes et des pharisiens » (Mt 5, 20).

Jésus était-il un adversaire des pharisiens ?

On pourrait dire que c'est le concept pharisien de Torah orale, que Jésus conteste.

Mais en fait dans ses exégèses de l'Écriture, Jésus calque les modes de questionnement et de raisonnement des rabbins pharisiens. De là à penser qu'en réalité Jésus était très proche de ces docteurs de la Loi, il n'y a qu'un pas. Par exemple, à partir de l'étude des textes sacrés, il partage avec eux la croyance en la résurrection que les sadducéens repoussent.

Cependant les évangiles ne cessent de soutenir que c'est aux pharisiens que Jésus s'oppose, et parfois très violemment. Dans l'évangile de Matthieu, Jésus va jusqu'à prononcer sept malédictions contre ceux qu'il traite de pharisiens hypocrites et d'engeance de vipères, les vouant à la géhenne.

Déformé ou simplifié pour les besoins de la cause, le point de vue pharisien reflété par les évangélistes se trouve fort éloigné de la diversité des tendances et des personnalités qui composent le mouvement, fort éloigné aussi du souci des circonstances atténuantes et de la casuistique dont les rabbins se montrent experts. Par exemple la Mishna énumèrera, jusqu'à aujourd'hui, 39 travaux prohibés le jour du sabbat, laissant donc autorisées les activités non expressément visées...

Les évangiles font des pharisiens, sur des registres divers, des juifs d'apparence, des mauvais juifs, rigoristes de la lettre, formalistes jusqu'à l'obsession, ostentatoires dans leurs pratiques, dénués de convictions profondes, peu enclins à la générosité.

C'est le sens de la proclamation que l'on peut lire chez Matthieu : « Sur la chaire de Moïse se sont assis les scribes et les pharisiens : faites donc et observez tout ce qu'ils pourront vous dire, mais ne vous réglez pas sur leurs actes, car ils disent et ne font pas » (Mt 23, 2-3). La phrase permet néanmoins de percevoir que le désaccord entre les deux courants est plus mineur que les textes ne le présentent (beaucoup moins fondamental qu'avec les baptistes ou les sadducéens en particulier).

Ne renâclant pas devant la caricature, le portrait des pharisiens est systématiquement durci par les évangiles. Matthieu qui est très légaliste voudrait que la réforme du judaïsme échappe aux pharisiens, Marc critique leur interprétation, leur recours à la tradition, à la Torah orale, Jean s'en prend violemment à la Loi des juifs, c'est-à-dire à ce que les pharisiens en ont fait. Dans cet univers hostile, Luc reste partisan du compromis.

Voulant ménager l'avenir, les Actes des Apôtres sauront faire preuve de modération ou de diplomatie, utilisant même la figure historique et emblématique du rabbin Gamaliel pour lui faire afficher une sorte de neutralité bienveillante à l'égard des autres juifs que sont les chrétiens et montrer, en fait, que ces derniers devraient parvenir à s'entendre avec les juifs que sont les pharisiens...

Les pharisiens des évangiles sont inévitablement des adversaires que l'on ridiculise et que l'on dénigre pour les disqualifier, mais surtout des adversaires auxquels on est prêt à ôter leurs propres qualités pour en conserver le bénéfice exclusif.

La réalité devait être mille fois moins tranchée que ne la dépeint le Nouveau Testament. Flavius Josèphe vante au contraire les mérites des pharisiens, leur simplicité comme leur mépris des richesses, leurs qualités morales et intellectuelles. Autour du Ier siècle, deux grandes écoles pharisiennes, celle de Hillel et celle de Shammaï, la première plus libérale que la seconde, sont même en perpétuelle discussion sur l'interprétation de la Torah dans ses conséquences pour la vie quotidienne. La littérature juive garde la trace de leur capacité d'autocritique, de la

méfiance que leur inspiraient toutes les formes d'hypo-
crisie, de leur souci d'être en toutes circonstances en
accord avec Dieu.

Mais le commandement d'amour n'est-il pas typique de
l'enseignement de Jésus ?

Dans le Sermon sur la montagne, Jésus exprime
l'enseignement peut-être le plus célèbre du Nouveau Testament : « Vous avez entendu qu'il a été dit : Tu aimeras
ton prochain et tu haïras ton ennemi. Eh bien moi je vous
dis : Aimez vos ennemis et priez pour vos persécuteurs ! »
(Mt 5, 43-44).

La première partie du commandement auquel se réfère
Jésus est une citation implicite du Lévitique (« Tu aimeras ton prochain comme toi-même »). Mais la seconde
partie (« Tu haïras ton ennemi ») qui va servir de point
d'appui à la nouveauté du message de Jésus ne figure
nulle part dans le Lévitique, ni même ailleurs dans la
Bible (l'ordre de haïr ses ennemis apparaît exceptionnellement dans un manuscrit de Qumrân).

L'artifice est d'autant plus rhétorique que l'ordre
contraire (« Aimez vos ennemis ») est déjà en promesse
dans la lecture que l'on peut donner d'un précepte de
l'Exode. Il y est écrit en effet : « Si tu rencontres le bœuf
ou l'âne de ton ennemi qui vague, tu dois le lui ramener.
Si tu vois l'âne de celui qui te déteste tomber sous la
charge, cesse de te tenir à l'écart ; avec lui, tu lui viendras
en aide. »

Le Talmud de Babylone assure que la règle d'or du
maître pharisien Hillel était contenue dans cet enseignement : « Ne fais pas à autrui ce que tu ne voudrais qu'on

te fasse à toi-même. Cela est toute la Torah, le reste n'est que son explication. » Et, ne croirait-on pas entendre Jésus, lorsque rabbi Aquiba (mort en 135) affirme : « Le grand précepte de la loi, c'est l'amour du prochain. » Même si sa formulation paraît plus radicale, il est clair que Jésus s'inscrit dans la tradition d'Hillel et d'Aquiba. Ils délivrent le même message. Le commandement d'amour, revendiqué par sa tradition chrétienne comme une invention de Jésus, apparaît comme la marque même de son enracinement dans le judaïsme.

De même la prière enseignée aux disciples, le « Notre père », sous les deux versions qu'en donnent Matthieu et Luc, est entièrement inspirée de la piété juive que les premiers chrétiens ont reformulée.

Alors en quoi Jésus a-t-il été un rabbi singulier ?

Plus que dans les discours prophétiques, les principes et les préceptes, les controverses, les paraboles racontées par Jésus témoignent de son talent particulier, de son habileté de rabbi, de son invention, de son sens des images, de son goût du paradoxe, de son art de l'énigme, de son assurance, de son autorité.

Elles mettent en scène des vignerons, des bergers, des semeurs, des fermiers, des ouvriers, des pêcheurs, des maîtres et des serviteurs, des pères et des fils...

A travers ces personnages, ce sont les auditoires de Jésus ou des premiers disciples que l'on peut entrevoir, toute une société qui se ranime. A travers ces scènes de la vie quotidienne, ces préoccupations très terre-à-terre, les paraboles sont des fables, des contes, moraux ou immoraux, des moments d'étrangeté, des instants de sur-

prise. Ce sont comme de petites apocalypses, littéralement des révélations.

Ainsi la forme narrative de la parabole que connaît
bien le judaïsme semble-t-elle portée à la perfection par
Jésus, même si, comme pour les guérisons, se mêlent aux
paraboles authentiques des récits postérieurs conçus à
partir du même modèle.

Ces histoires sont les éclats d'un miroir.

Un miroir du retournement qui caractérise l'histoire
elle-même de Jésus selon les évangiles, passant de
l'abaissement à l'élévation, de l'échec et de la mort à la
gloire.

Un miroir, encore, de l'interprétation allégorique qui
a permis aux premiers chrétiens de donner d'un fait matériel très concret, d'une situation très précise voire très
datée, une signification morale, une signification intem-
porelle, dégagée des contingences, abstraite de son enracinement, transférable d'un environnement galiléen à un
contexte plus ouvert.

Jésus s'est-il préoccupé des païens ?

Comme pour la question du rapport de Jésus avec le
judaïsme, sa relation aux païens doit être examinée selon
un double regard.

Sachant que les évangiles et plus encore toute l'histoire
du christianisme modifient notre optique, il faut toujours
envisager ces questions, à l'aide des textes, du point de
vue du présent de l'existence de Jésus, mais en évitant de
se fier aux seules données de la littérature chrétienne, et
du point de vue de l'avenir, du point de vue de ce qui se
passera après la mort de Jésus, des difficultés nouvelles

auxquelles les évangélistes et les premières générations de disciples seront confrontés quelques décennies plus tard.

Le succès du christianisme est dû au succès du prosélytisme auprès des païens.

C'est la raison pour laquelle la mission auprès des Gentils est inscrite en toutes lettres dans les évangiles synoptiques.

Après la résurrection, Jésus apparaît à ses disciples et leur dit chez Matthieu : « Allez donc, de toutes les nations, faites des disciples, les baptisant au nom du Père, du Fils et du Saint Esprit » (Mt 28, 19). Chez Luc, le repentir en vue de la rémission des péchés « sera proclamé à toutes les nations » (Lc 24, 47). Il dit à ses disciples dans les Actes des Apôtres : « Vous serez mes témoins à Jérusalem, dans toute la Judée et la Samarie, et jusqu'aux extrémités de la terre » (Ac 1, 8) et dans la conclusion de l'évangile de Marc : « Allez dans le monde entier, proclamez l'Evangile à toute la création. Celui qui croira et sera baptisé sera sauvé ; celui qui ne croira pas sera condamné » (Mc 16, 15-16).

Mais il faut y prendre garde, c'est uniquement Jésus ressuscité qui parle dans ces récits, le ressuscité que les évangélistes font parler. Le ressuscité qui n'est plus tout à fait juif ; et qui envoie ses disciples baptiser. Et non plus circoncire.

Le contraste, en effet, est violent avec les paroles qui sont attribuées à Jésus de son vivant. « Ne prenez pas le chemin des païens et n'entrez pas dans une ville de Samaritains ; allez plutôt vers les brebis perdues de la maison d'Israël ! » (Mt 10, 5-6) s'exclame-t-il chez Matthieu comme un prophète furieux.

Quelle que soit la véracité de l'expression, c'est en

tout cas le signe que la question des païens ne se pose
pas pour Jésus lorsqu'il exerce ses talents de prédicateur.
Elle est impensable.

De village en village, de Galilée en Judée, son seul
horizon est celui d'Israël. C'est celui de tout juif palestinien – sauf à être un collaborateur des Romains, sauf à
appartenir à la clientèle de la dynastie des Hérode, tentation qui ne semble pas davantage avoir jamais effleuré
Jésus (chez Marc, il est même prétendu qu'après la guérison de l'homme à la main desséchée, les pharisiens
tinrent aussitôt conseil avec les hérodiens contre lui, en
vue de le perdre).

Même si dans certaines traditions du judaïsme ancien
« toutes les nations » sont appelées, après le Jour du Jugement, à participer au festin de la Fin des temps (il en est
ainsi particulièrement dans le livre d'Isaïe), les païens
n'auront droit qu'aux miettes du repas – comme il est
indiqué dans le récit de la guérison de la syrophénicienne.
Les païens sont impurs. En tant que non-juifs, ils n'appar-
tiennent pas à l'alliance que Yahvé a passée avec son
peuple. Cette alliance implique, en dehors de la référence
permanente à la Torah, un certain nombre de marques
d'appartenance.

Or, dans les années qui suivent la mort de Jésus, ce
sont précisément ces marques d'appartenance et de séparation (la circoncision, les interdits alimentaires, les
règles de pureté, le respect du sabbat) qui vont cristalliser
les différends les plus vifs à l'intérieur de la première
communauté chrétienne et les rapports avec les synagogues de la Diaspora. Les premiers disciples et successeurs
de Jésus, son frère Jacques, Pierre et Paul en tête s'affron-
teront quant à savoir s'il faut ou non ouvrir leur mouve-

ment aux païens, et surtout à quelles conditions. Les épîtres de Paul et les Actes des Apôtres témoignent abon-
damment combien ces questions ont été cruciales pour le
prosélytisme auprès des non-juifs.

Si elles ont divisé autant la première communauté,
c'est bien qu'elles n'avaient été ni résolues ni même
abordées par Jésus lui-même.

Jésus n'a-t-il pas guéri le fils d'un centurion romain ?

L'épisode où Jésus opère la guérison du fils d'un centurion de Capharnaüm n'apparaît que chez Matthieu et
Luc, et indirectement chez Jean (lequel remplace le soldat
de l'Empire par un fonctionnaire d'Hérode), soit assez
tardivement... Il est extrêmement significatif que cet épisode soit inconnu de l'évangile de Marc.

Dans Matthieu et Luc cette guérison d'un païen est le
prétexte d'un petit discours dans lequel on fait annoncer
par Jésus ce qu'il n'a jamais pu enseigner. Un renversement complet, et sidérant, de la situation : « Chez personne
je n'ai trouvé une telle foi en Israël. Eh bien ! je vous dis
que beaucoup viendront du levant et du couchant prendre
place au festin avec Abraham, Isaac et Jacob dans le
Royaume des Cieux, tandis que les fils du Royaume seront
jetés dans les ténèbres extérieures : là seront les pleurs et
les grincements de dents » (Mt 8, 10-13).

Ce récit n'est évidemment pas le compte-rendu d'un
événement historique, d'une parole authentique. C'est l'un
des récits édifiants racontés dans les premières communautés chrétiennes et mis dans la bouche de Jésus bien
après sa mort, pour résoudre une question dont il n'avait
pas même imaginé qu'elle pourrait se poser un jour.

IV

« ROI DES JUIFS »

Pourquoi Jésus a-t-il été arrêté ?

Moins d'un an après le début de son activité publique, quelques mois même selon les trois évangiles synoptiques, ou deux à trois années selon l'évangile de Jean, Jésus est arrêté à Jérusalem, puis exécuté.

La cause en paraît incompréhensible.

Jusque là, les récits des évangiles nous ont fait connaître Jésus baptiste, puis Jésus guérisseur et thaumaturge, Jésus rabbi ou maître de sagesse. Même si son histoire est racontée de l'intérieur et donc embellie, il n'y a rien dans les comportements et les actes du Galiléen qui justifie une mesure de répression aussi brutale de l'Empire, le supplice infâme de la croix.

Les évangiles, comme toujours, sont notre seule source pour essayer de comprendre ce qui s'est passé. Mais leurs explications des tenants et aboutissants de l'affaire sont confuses, contradictoires, invraisemblables, incapables en tout cas d'expliquer la disproportion entre le châtiment de Jésus et ce qui lui a été reproché.

Apparemment, Jésus n'a pas menacé Hérode, comme

avant lui Jean le Baptiste. Il ne s'en est pas pris directement non plus au pouvoir romain : on ne le voit pas
appeler au refus de l'impôt comme l'avait fait Judas le
Galiléen au début du premier siècle ni déclencher l'insurrection générale contre les impies comme le feront les
zélotes entre 66 et 70. Les années 20 et 30 sont même
au contraire caractéristiques d'une relative phase d'accal-
mie sociale et politique en Palestine.

Restent les points communs entre les différents évangiles, malgré les divergences internes au récit de la Passion dont ils conservent le même schéma. Parmi ces
points communs, il y a Jérusalem (Jésus y est arrêté, jugé
et condamné autour de la Pâque juive). Il y a les grands-
prêtres (qui ont toujours pour rôle d'être les premiers
accusateurs de Jésus). Il y a donc le Temple dont les
grands-prêtres sont les garants.

Quelle était l'importance du Temple ?

A l'époque où les évangiles commencent à circuler,
le Temple de Jérusalem n'existe plus. C'est sur ses
ruines (dont on peut voir aujourd'hui quelques vestiges
parmi les pierres du Mur des Lamentations) que s'est
reconstruit le judaïsme rabbinique. Mais au moment où
vivait Jésus, c'est le monument le plus imposant
d'Israël.

Pour en avoir une idée, il faut voir que l'esplanade
du Temple occupait plus de quatorze hectares (près de
dix fois la superficie de l'esplanade de la basilique
Saint-Pierre de Rome...). Dans ce saint lieu qui est pour
les juifs le centre du monde, « la porte du ciel » (car
Dieu y a élu son domicile sur terre), des dizaines de

milliers de pèlerins affluent trois fois par an à Pâque, *Pessah*, à la Pentecôte, *Chavouoth*, et pour la fête des Tentes, *Soukoth*.

L'importance extrême du Temple de Jérusalem est triple.

Du point de vue religieux, le Temple est au cœur de la pratique des offrandes et des sacrifices qui est alors essentielle au judaïsme. Premier personnage d'Israël, seul le grand-prêtre en exercice peut pénétrer dans le Saint des Saints.

Du point de vue politique, le Temple fait du grand-prêtre le responsable du pouvoir non seulement religieux mais temporel à Jérusalem, le représentant du peuple juif devant les Romains, le garant de la paix civile dans la Ville sainte.

C'est à cette condition que les Romains acceptent de laisser les juifs honorer leur Dieu, au lieu de sacrifier à l'empereur et aux dieux de l'Empire. Certes une garnison romaine stationne à Jérusalem dans la forteresse Antonia qui jouxte l'esplanade du Temple, et elle est renforcée quand il y a affluence de pèlerins. Mais le signe le plus révélateur de cette coexistence, de cet équilibre des pouvoirs est que le préfet romain, lui, ne siège pas à Jérusalem. Il laisse Jérusalem aux grands-prêtres et séjourne, à quelques jours de marche dans son palais de Césarée, que la Méditerranée relie à la capitale impériale.

Du point de vue économique, le Temple fait vivre Jérusalem. Il entretient un clergé qui ne se limite pas au premier des grands-prêtres, au commandant du Temple et à la caste sacerdotale mais à toutes sortes de « fonctionnaires » du Temple et à leurs familles. 700 à 800 personnes officiant à tour de rôle chaque semaine nécessitent l'existence de plus de 7 000 prêtres et de quelques

dix mille lévites occupés au chant et aux charges maté-
rielles.

Le Temple alimente directement tout le commerce des
animaux immolés. Il draine des sommes considérables
venues de l'impôt du didrachme et des dons de la diaspora juive. Il génère une économie induite liée au
commerce ainsi qu'au ravitaillement et à l'hébergement
des pèlerins.

Le Temple offrira même pendant plus de 80 ans un
énorme chantier de construction. Lancés par Hérode le
Grand, les travaux d'aménagement et d'embellissement
du second temple qui a succédé au Temple de Salomon
détruit au VIe siècle avant notre ère ne seront achevés
qu'entre 62 et 64 à force d'entretien, d'améliorations,
d'extension de l'édifice. Ils ont fourni un emploi à une
bonne partie de la population active de Jérusalem et des
environs. Avant 66, des travaux devront à nouveau être
lancés pour remédier au chômage de 18 000 ouvriers. En
outre, comme tout temple antique, le Temple de Jérusalem fait office de banque. On y dépose des fonds privés
et des reconnaissances de dettes.

*En chassant les marchands du Temple, qu'a voulu faire
Jésus ?*

L'image de Jésus chassant les marchands du Temple
est devenue, au fil des siècles, une image pieuse – et
parfois une image sourdement antisémite comme si les
changeurs du Temple et les autres juifs n'appartenaient
plus au même monde que Jésus, comme si Jésus les
accusait d'avoir trahi leur foi, d'acheter leur salut, et les
chassait de leur religion...

Sans jamais perdre de vue la place névralgique du Temple, il faut au contraire tenter d'apprécier, à travers le texte lui-même des évangiles, la portée du geste de Jésus.

« Étant entré dans le Temple, il se mit à chasser les acheteurs et les vendeurs qui s'y trouvaient : il culbuta les tables des changeurs et les sièges des marchands de colombes », raconte l'évangile de Marc qui continue en citant les paroles de Jésus : « N'est-il pas écrit : "Ma maison sera appelée une maison de prière pour toutes les nations. Mais vous, vous en avez fait un repère de brigands !" » (Mc 11, 15 et 17).

A quelques nuances près, Matthieu et Luc reprennent presque littéralement la même scène. L'évangile de Jean aussi.

Pourtant ce dernier, au lieu de placer l'épisode comme les évangiles synoptiques, avant le commencement du récit de la Passion, le situe très en amont, au début même du texte. Mais il faut se rappeler que la dynamique de l'évangile de Jean est scandée par les fêtes juives, et les montées de Jésus à Jérusalem qui ont plus une nécessité dramaturgique qu'une raison historique. Jean donne une certaine emphase à la scène, montrant Jésus armé d'un fouet de cordes et associant aux colombes des bœufs et des brebis qu'il chasse, et la monnaie qu'il répand à terre.

Quant à Marc, il glisse une notation que les autres rédacteurs ne mentionneront pas : « et il ne laissait personne transporter d'objet à travers le temple », indique-t-il (Mc 11, 16).

Derrière ces « objets » anodins, quelques commentateurs ont reconnu, en grec, un terme désignant spécifiquement les vases consacrés au culte.

Derrière les changeurs de monnaie et les vendeurs d'animaux, il faudrait aussi reconnaître l'une des phases ordinaires du fonctionnement du Temple, et non on ne sait quelle dérive mercantile. C'est sur le parvis des Gentils que les changeurs et les marchands étaient installés à demeure, car leur rôle était institutionnalisé, dans l'enceinte même du Temple.

Jésus n'est pas le premier à accuser les pratiques du Temple. Mais contrairement au Baptiste ou aux membres de la communauté de Qumrân, Jésus procède à cette contestation non pas en dehors de Jérusalem, mais, à se fier aux évangiles, au cœur même de la ville, à l'intérieur de l'espace du Temple.

Quelle a été l'ampleur de l'événement ?

Les évangiles, étrangement, ne nous aident pas à déterminer l'ampleur exacte de l'événement.

D'une part ils laissent bien entendre que Jésus a accompli une action d'éclat. D'autre part, ils la minimisent, comme si cet acte n'avait entraîné que des effets à retardement, soit que ses adversaires s'indignent chez Matthieu, soit qu'ils cherchent à « faire périr » Jésus chez Marc comme chez Luc, comme s'ils ne tenaient pas là un motif suffisant pour l'éliminer.

Il faut donc exclure l'hypothèse d'une sorte d'opération de type armé que certains ont imaginée, tout autant qu'une manifestation populaire à caractère très public.

Sans compter la présence romaine à quelques pas, il existait en permanence une police du Temple qui était prompte à réagir au moindre tumulte, et à

sévir aussitôt, sans atermoiement, contre tout pertur-
bateur.

Au lieu de cela, les évangiles de Marc et de Matthieu
indiquent que Jésus s'en va sans être inquiété, c'est à dire
franchissant les murs de séparation, les vestibules, les
couloirs, les grands escaliers... On reconnaîtra tout de
même que sa manière de sortir « hors de la ville » s'appa-
rente volontiers à une fuite.

Cette disparition, Luc l'escamote. Il enchaîne au
contraire, et sans rupture, sur l'affirmation que « Jésus
était journellement à enseigner dans le Temple » (Lc 19,
47), comme si de rien n'était...

L'évangile de Luc permet d'ailleurs, semble-t-il, de
mesurer l'historicité de l'épisode.

Le contraste brutal entre cette mention et l'indication
réduite à sa plus simple expression que Jésus a chassé
les vendeurs implique que l'évangéliste n'a pas eu la
liberté de supprimer purement et simplement l'événement.

Dans sa propre logique, il aurait eu pourtant toutes
les raisons d'aller jusque là. Seul des quatre évangiles,
il commence en effet son récit au cœur du Temple (le
père de Jean le Baptiste y officie), et c'est là qu'il
conclut l'évangile, annonçant qu'après l'Ascension de
Jésus, les disciples retournèrent à Jérusalem où « ils
étaient constamment dans le Temple à bénir Dieu »
(Lc 24, 53).

Quant à Jean, il a ses propres raisons de ne pas dénouer
l'épisode puisqu'il surplombe toute la carrière de Jésus.
Mais il l'associe très étroitement, immédiatement – et il
est le seul des évangélistes à procéder aussi nettement –
aux paroles de Jésus contre le Temple.

Jésus a-t-il prononcé des paroles contre le Temple ?

Chez Jean, c'est un défi qui est lancé par Jésus en personne, sans le truchement d'aucun tiers. Il proclame : « Détruisez ce Temple, en trois jours je le relèverai » (Jn 2, 19). Ainsi Jésus ordonne-t-il aux juifs de détruire leur Temple, pour le remplacer par son corps glorieux et ressuscité. Ouvertement, il s'agit d'une réécriture chrétienne.

Le point de départ est difficile à déterminer puisque les paroles de Jésus contre le Temple ne se présentent jamais à l'identique dans les évangiles.

Marc met à contribution l'étonnement de l'un des disciples galiléens qui accompagnent Jésus. Il a tout l'air de découvrir Jérusalem et l'édifice imposant, et Jésus lui dit : « Tu vois ces grandes constructions, il n'en restera pas pierre sur pierre qui ne soit jetée bas » (Mc 13, 2). On dirait une prophétie *a posteriori* de la destruction du Temple en 70. La phrase identique chez Matthieu est déformée par des faux témoins : « Cet homme a dit : Je puis détruire le Sanctuaire de Dieu et le rebâtir en trois jours » (Mt 26, 61).

Elle est travestie encore davantage par Marc : « Nous l'avons entendu qui disait : "Je détruirai ce Sanctuaire fait de main d'homme et en trois jours j'en rebâtirai un autre qui ne sera pas bâti de main d'homme." Et sur cela, même leurs dépositions n'étaient pas d'accord » (Mc 14, 58-59).

Si Luc ignore dans son évangile les paroles de Jésus contre le Temple, il s'en fait ailleurs l'écho, dans les Actes des Apôtres, comme d'une calomnie. Étienne, qui va être le premier martyr de la cause « chrétienne », est

mis en accusation cette fois encore par de faux témoins :
« Cet individu ne cesse pas de tenir des propos contre ce
saint Lieu et contre la Loi. Nous l'avons entendu dire
que Jésus, ce Nazôréen, détruira ce Lieu-ci » (Ac 6, 14).

L'infidélité de la transmission des paroles de Jésus
contre le Temple ne cesse de surprendre. Elle illustre bien
que le récit de des évangiles est un récit à double fond,
un récit qui mélange en permanence deux époques : celle
de la vie de Jésus et de ses disciples, celle de la période
d'écriture des textes dans un contexte en cours de bouleversement.

Les évangiles passent sous silence l'importance du
culte et de l'activité sacrificiels, comme si ces pratiques
n'existaient plus qu'à peine. Le Nouveau Testament fait
détruire le Temple symboliquement par Jésus quand le
Temple, symbole d'Israël, n'existe plus ! Mais il va
jusqu'à lui faire prophétiser qu'il le reconstruira.

Dans tous les cas de figures, cela renvoie une quarantaine d'années plus tard au projet de refonder le judaïsme
sur d'autres bases que celles que connaissait Jésus, à une
époque où la « reconstruction » du Temple n'est plus un
thème abstrait, mais un enjeu réel, que cette « reconstruction » soit envisagée de façon concrète ou de manière
immatérielle.

Quelle a été la nature de ce défi au Temple ?

Il est à peu près impossible de savoir si Jésus a voulu
rejeter les sacrifices, le système du pardon des péchés,
tellement son geste a été agrandi, mais surtout tellement
il a été déconnecté de la tradition liturgique du
judaïsme d'avant 70 et canalisé au contraire dans la

perspective de la réforme liturgique du judéo-christia-
nisme d'après 70.

Même si l'arbre cache la forêt, le moins que l'on puisse
constater c'est que cette critique des sacrifices n'est pas
un motif récurrent de l'activité ou des paroles de Jésus.
Ce qu'il a peut-être voulu remettre en cause, comme
Gamaliel et d'autres pharisiens l'exprimeront de leur
côté, ce seraient les excès ou les dérives légalistes du
système.

Au lieu du rejet, il faudrait déchiffrer une protestation
de nature économique, une protestation contre le coût des
sacrifices ou contre le poids financier du Temple, dans
la vie d'Israël. Cela coïnciderait d'avantage avec l'atten-
tion témoignée par Jésus à l'égard des plus démunis de
la société juive.

Rien n'interdit non plus d'y déceler une mise en cause
de l'enrichissement personnel de l'aristocratie sacerdotale (la magnificence de certaines demeures découvertes
par les archéologues à Jérusalem pourrait en témoigner),
voire de la « corruption » réelle ou supposée des grands-
prêtres.

C'était un geste symbolique ?

Quelles qu'aient pu être les paroles exactes de Jésus
contre le Temple, quelle qu'ait été la portée de son acte
contre les changeurs, quelle qu'ait été sa modestie, Jésus
s'en prenait en tout état de cause au lieu du Temple.

C'était un comportement qui contenait nécessairement
de fortes connotations pour les contemporains ou les disciples de Jésus. Il ne pouvait que rappeler aux Juifs l'épisode de la purification du Temple par Judas Maccabée

après sa victoire contre les troupes d'Antiochus Epiphane au IIe siècle avant notre ère.

Il remettait aussi en vigueur les malédictions du prophète Jérémie contre l'impureté du Temple : « Je vais traiter ce Temple qui porte mon nom et dans lequel vous placez votre confiance, ce lieu que j'ai donné à vous et à vos pères, comme j'ai traité Silo » (Jr 7, 12-14). Ou les prophéties de Zacharie annonçant qu'au jour du Seigneur « il n'y aura plus de marchands dans la maison de Yahvé Sabaot » (Za 14, 21).

Il faut donc supposer que l'intervention de Jésus au Temple a été un geste de nature symbolique, dans le sens le plus fort du mot.

C'est le terme d'un parcours, l'expression d'un espoir. Par là, Jésus a pu vouloir hâter la manifestation de la puissance divine, la Fin des temps, voire la provoquer.

Le geste n'est pas exceptionnel, il est typique du millénarisme du Ier siècle. Le prophète Theudas qu'évoquent Flavius Josèphe et les Actes des Apôtres prétendait comme Moïse, qui avait ouvert la mer Rouge, diviser en deux les eaux du Jourdain et ramener son peuple en Terre promise, libérée de l'occupation étrangère. Vers l'an 56, un juif surnommé l'Égyptien annonça sur le mont des Oliviers qu'il allait provoquer l'écroulement des remparts de Jérusalem. Quelques années plus tard, Jésus fils d'Ananias annonce la destruction de la ville et du Temple.

Jésus a pu vouloir accomplir la prophétie du livre de Zacharie où il est écrit : « Voici qu'il vient le jour de Yahvé, quand on partagera tes dépouilles au milieu de toi. J'assemblerai toutes les nations vers Jérusalem pour le combat ; la ville sera prise, les maisons pillées, les femmes violées ; la moitié de la ville partira en exil, mais le reste du peuple ne sera pas retranché de la ville. Alors Yahvé sortira pour combattre les nations, comme lorsqu'il combat au jour de la guerre. En ce jour-là ses pieds se poseront sur le mont de Oliviers qui fait face à Jérusalem vers l'Orient », dit le prophète (Za 14, 1-4).

Événement historique, réinterprétation biblique par Jésus ou par les évangélistes, il est difficile d'être catégorique, encore que la part littéraire de l'événement soit certainement capitale. La référence à la tradition d'Israël n'est pas pour les auteurs des récits chrétiens un déguisement, c'est une traduction, le sens qu'ils parviennent à lire dans l'histoire.

Comme l'entrée à Jérusalem ?

Avant l'épisode des marchands du Temple, l'entrée de Jésus à Jérusalem monté sur un ânon en est très révélatrice. C'est un tableau de liesse. Agitant des rameaux, la foule accueille son libérateur parti du mont des Oliviers aux cris de « Hosanna ! Béni soit celui qui vient au nom du Seigneur. Béni soit le Royaume qui vient, de notre père David. Hosanna au plus haut des cieux », – citation du psaume 118 qui est reprise par chacun des évangiles.

La scène est impossible.

Si on la prend pour argent comptant, elle rend incompréhensible le retournement ultérieur du peuple de Jérusalem à l'égard de Jésus. Mais surtout ce serait oublier que la vigilance romaine est sans faille, particulièrement en période de pèlerinage, et que pour moins d'agitation la cohorte romaine stationnée dans la forteresse Antonia aurait eu tôt fait d'intervenir, quitte à décimer beaucoup des participants de cette émeute. La chronique de Flavius Josèphe ne manque pas de tels épisodes mais elle ignore cette entrée royale de Jésus à Jérusalem qui résonne comme une déclaration de guerre, mais qui n'a pas eu lieu.

C'est qu'elle est plutôt la mise en récit d'une arrivée de pèlerins pour la Pâque, sa transformation en triomphe à la romaine. Jésus se fait acclamer comme fils de David, comme prétendant au trône d'Israël, et tout l'épisode est traité sur le modèle du livre de Zacharie : « Crie de joie, fille de Jérusalem ! Voici que ton roi vient à toi ; il est juste et victorieux, humble monté sur un âne, sur un ânon, le petit d'une ânesse... » (Za 9, 9).

Jésus était-il l'ennemi des grands-prêtres ?

A tous points de vue, les grands-prêtres ont intérêt au bon fonctionnement du Temple. Issus de la caste sacerdotale des sadducéens, leur charge est héréditaire mais ils sont nommés ou destitués par le préfet romain.

Vis-à-vis de lui, le calme doit régner. C'est dire qu'ils doivent veiller tout à la fois à ce que l'équilibre des pouvoirs ne soit pas fragilisé, et à ce que la puissance religieuse et économique que représente le Temple pour les habitants de Jérusalem et aux yeux du peuple juif ne soit déstabilisée.

A cet égard, Caïphe, le grand-prêtre du temps de Jésus est un exemple de longévité exceptionnelle puisqu'il a réussi à se maintenir en fonctions pendant dix-huit ans.

Même s'il a pu être l'otage d'une situation à laquelle il était étranger, même si le risque semble exagéré, Jésus a paru menacer cette paix civile.

Quand l'évangile de Jean fait dire à Caïphe, et à deux reprises : « Vous ne songez pas qu'il est de votre intérêt qu'un seul homme meure pour le peuple et que la nation ne périsse pas tout entière ! » (Jn 11, 50), il rend la politique du moindre mal responsable de la mort de Jésus tout en assumant son rôle de garant de la paix et de premier sacrificateur pour le bien d'Israël. Mais en même temps Caïphe désigne le danger objectif que pouvait représenter Jésus, l'état de crise qu'il pouvait volontairement ou involontairement déclencher, l'incendie qu'il pouvait allumer.

« Si nous le laissons ainsi, tous croiront en lui, et les Romains viendront et ils détruiront notre Lieu saint et notre nation », déclarent à l'unisson les grands-prêtres et les pharisiens chez Jean (Jn 11, 48).

Cette accusation contre Jésus est évidemment antidatée. C'est un argument à replacer dans le contexte des conflits internes au judaïsme. Quand Jean écrit cette phrase, elle a pris une couleur sinistre puisque, pour le paraphraser, le Temple a été détruit par les Romains, la nation juive est en passe de l'être (ce sera le cas en 135), alors même que les Juifs dans leur immense majorité refusent de croire en Jésus...

Reste une question. Pourquoi cette formule apparaît-elle dans le texte de l'évangile puisqu'elle justifie, sur le plan des principes, la réaction des grands-prêtres et qu'elle incrimine Jésus ? Les grands-prêtres n'avaient-ils pas raison, de leur point de vue, de redouter le danger puisqu'il s'est réalisé ? Du point de vue de l'évangéliste, ils avaient évidemment tort. Et même doublement tort.

Tort parce qu'ils s'étaient trompés d'ennemi, parce qu'ils n'avaient pas fait une bonne analyse.

Tort parce qu'ils étaient les perdants, parce qu'avec la destruction du Temple, les sadducéens et les grands-prêtres avaient disparu et qu'ils n'étaient plus là pour défendre leur rôle (par exemple que ce sont les activistes religieux, Jésus compris, qui ont entraîné Jérusalem à sa perte, et mis la terre d'Israël à feu et à sang).

Mais là encore il ne faut pas oublier que l'histoire est toujours simplifiée pour les besoins de la cause.

Selon Flavius Josèphe, le refus opposé aux païens de Jérusalem d'offrir des sacrifices au Temple, en réalité à l'Empereur, « fut le fondement de la guerre avec les Romains ». Il fut déclenché par Eléazar, le fils du grand-prêtre d'alors et commandant du Temple lui-même...

Quelles sont les circonstances de l'arrestation de Jésus ?

On pourrait risquer le schéma suivant.

Peu après le tumulte qu'il aurait provoqué aux abords du Temple, Jésus se serait fait arrêter par la garde du Temple. Dans l'échauffourée, un homme aurait été blessé par un des disciples (lequel lui coupe l'oreille). Il est présenté par les quatre textes comme « le serviteur du grand-prêtre ».

Ensuite, Jésus aurait été mené devant le grand-prêtre pour être interrogé. L'évangile de Marc n'indique pas le nom de Caïphe : il est possible qu'il l'ait ignoré, mais les autres trouveront l'occasion de le préciser.

Dans l'évangile de Jean, Jésus se trouve au préalable amené chez le beau-père de Caïphe, Ann qui a été grand-prêtre auparavant (de l'an 6 à 15) et qui, s'il n'exerce plus le pouvoir, n'en demeure pas moins un personnage considérable, le chef d'une dynastie sacerdotale qui va régner jusqu'aux alentours de la chute du Temple à travers cinq de ses fils et gendres et l'un de ses petits-fils. On peut se demander si cette réunion familiale ne confirme pas que le conflit entre Jésus et la famille du grand-prêtre en exercice ait été aussi un conflit d'intérêts personnels.

Selon les évangiles synoptiques, c'est au terme d'une procédure solennelle que Jésus est finalement livré au préfet romain.

La vraisemblance est que le grand-prêtre a dû déférer Jésus à Pilate dans l'heure ou les heures qui ont suivi son arrestation, sans grand délai. Le motif d'atteinte à l'ordre public suffisait à l'incriminer. Accessoirement, il avait l'avantage de dédouaner les autorités juives de toute responsabilité directe dans son emprisonnement et sa condamnation.

Le Temple était un endroit d'autant plus sensible qu'approchait la Pâque : la fête commémorait la libération de l'esclavage du peuple juif et elle amenait à Jérusalem des dizaines de milliers de personnes. En cette période de risques, le charisme de Jésus et probablement sa notoriété (même si elle est nettement grossie par les évangiles) ont fait le reste. Il ne fallait pas que ce prophète galiléen devienne un danger public, qu'il rende la situation explosive.

Peut-on reconstituer la procédure juive ?

Fondé historiquement ou simplement plus soucieux de la vraisemblance judiciaire, l'évangile de Jean ne recoupe pas le récit du procès tel qu'il est raconté par les trois synoptiques. Contrairement à lui, Marc, Matthieu et Luc convoquent formellement le Sanhédrin, font comparaître des témoins, entendent Jésus présenter sa défense au cours d'un vrai « procès ».

Qu'est-ce que le Sanhédrin ?

Établi dans les bâtiments du Temple, le Sanhédrin représentait l'autorité suprême du judaïsme tant sur le plan religieux que sur le plan civil et politique. « Sanhédrin » est d'ailleurs la transcription du mot grec signifiant « conseil ».

C'est un grand conseil constitué de 71 membres, il était présidé par le grand-prêtre en exercice et réunissait trois groupes, les représentants des principales familles sacerdotales (notamment les anciens grands-prêtres), les Anciens provenant de l'aristocratie laïque, et les scribes. Il réunit donc des membres surtout d'obédience sadducéenne, mais aussi quelques pharisiens.

Comment se serait déroulé le procès de Jésus ?

Selon la procédure adoptée par Marc et que suivent Matthieu et Luc, c'est au grand complet que le Sanhédrin se rassemble en pleine nuit pour examiner le cas de Jésus.

Durant l'audience, Jésus est interrogé par le grand-prêtre devant l'assemblée du Sanhédrin. Puis, chez Marc et Matthieu uniquement, des témoins sont entendus.

Au terme du procès, le Sanhédrin décide que Jésus est « passible de mort » (Mc 14, 64). Chez Luc, cette sentence n'est pas prononcée mais Jésus est emmené chez Pilate.

Le lendemain matin, quoique Luc ignore cette

deuxième séance, une nouvelle réunion du Sanhédrin a lieu. Elle confirme implicitement la décision prise pendant la nuit, et Jésus est livré à Pilate.

Le moins que l'on puisse dire c'est que les évangélistes ne craignent pas d'accumuler les invraisemblances ou qu'ils sont très mal informés.

Le Sanhédrin ne siégeait pas dans le palais du grand-prêtre, les audiences n'étaient pas publiques. Surtout, en dehors des évangiles, aucun texte juif n'atteste que le Sanhédrin ait jamais pu siéger en séance de nuit, et être réuni au grand complet en si peu de temps.

Dans le cas de Jésus, une sentence de mort étant portée, il aurait fallu en outre un jour de délai pour confirmer l'arrêt du tribunal. C'est certainement la raison pour laquelle Luc supprime la sentence de mort *stricto sensu*, et la deuxième réunion du Sanhédrin. Ainsi, il supprime les difficultés.

Certes la procédure criminelle devant le Sanhédrin ne nous est connue que par la Mishna, postérieure d'au moins deux siècles aux faits, mais elle fixe une jurisprudence qui devait être déjà traditionnelle du temps de Jésus.

Le traité « Sanhédrin » stipule en effet : « Les procès capitaux ne peuvent se terminer le jour même que par un acquittement, mais seulement le lendemain par une condamnation. Pour cette raison, ajoute le traité, il n'est pas permis de conduire un tel procès une veille de sabbat ou la veille d'un jour de fête. »

Or à se tenir à la lettre de l'évangile de Marc et de Matthieu, le jugement de Jésus et sa condamnation à mort se seraient produits de la nuit au matin, donc durant les mêmes 24 heures.

A se fier aux quatre évangiles (qui concordent au moins entre eux sur ce point de chronologie), le procès se serait terminé, précisément, le jour de la Préparation, c'est à dire la veille d'un jour de sabbat, alors même que, certainement, les fêtes de la Pâque rendaient impossible ce procès.

Comment expliquer tant d'irrégularités ?

Toute la procédure pénale juive était lourde, et donc incertaine quant à son résultat. Pourquoi ? Parce qu'elle était vouée à assurer de la meilleure façon les droits de la défense, à protéger l'accusé d'une condamnation précipitée au point que l'unanimité des décisions de justice paraissait particulièrement suspecte. Un Sanhédrin, disait-on, qui prononçait une condamnation à mort une fois en soixante-dix ans était un Sanhédrin « sévère »...

Si l'on voulait défendre la thèse que Jésus a été l'objet d'un procès devant le Sanhédrin en bonne et due forme et que le procès de Jésus s'est déroulé comme le racontent les évangiles synoptiques, en bafouant donc toutes les règles connues, on bute aussitôt sur un nouvel obstacle.

Comment comprendre que leur relation ne mette pas en exergue cette série répétée de violations flagrantes du droit juif ? Comment admettre que les évangélistes les aient au contraire banalisées, qu'ils se soient évertués à les camoufler derrière le respect des procédures par les autorités juives, derrière le légalisme le plus scrupuleux ?

A moins de soupçonner une manœuvre des évangélistes, de connivence avec leurs lecteurs, pour accuser implicitement au contraire le tribunal de ne même pas respecter le formalisme de ses règles...

Le procès de Jésus est une mise en scène judiciaire – à l'instar des procès politiques du XXᵉ siècle. Sauf qu'il n'a pas eu lieu.

Comme l'affirme lui-même l'évangile de Jean, on doit penser qu'il n'y a jamais eu de procès de Jésus devant le Sanhédrin.

Du point de vue juif, quelles pouvaient être les charges retenues contre Jésus ?

Hormis les motifs d'ordre criminel, le Deutéronome est très précis sur le terrain religieux.

A son chapitre 13, il stipule : « Si quelque prophète ou faiseur de songes surgit au milieu de toi, s'il te propose un signe ou ce prodige annoncé arrive, s'il te dit alors : "Allons à la suite d'autres dieux (que tu n'as pas connus) et servons-les". Tu n'écouteras pas les paroles de ce prophète ni les songes de ce songeur. C'est Yahvé votre Dieu qui vous éprouve pour savoir si vraiment vous aimez Yahvé votre Dieu de tout votre cœur et de toute votre âme. C'est Yahvé votre Dieu que vous suivrez et c'est lui que vous craindrez, ce sont ses commandements que vous garderez, c'est à sa voix que vous obéirez, c'est lui que vous servirez, c'est à lui que vous vous attacherez. Ce prophète ou ce faiseur de songes devra mourir, car il a prêché l'apostasie envers Yahvé ton Dieu, qui vous a fait sortir du pays d'Égypte et t'a racheté de la maison de servitude, et il t'aurait égaré loin de la voie où Yahvé ton Dieu t'a ordonné de marcher. Tu feras disparaître le mal du milieu de toi. »

Accuser Jésus d'être un faux-prophète, un imposteur, un magicien aurait pu être l'accusation la plus fondée

– mais elle n'est pas prise au sérieux par les textes eux-mêmes.

Il est reproché à Jésus d'avoir dit qu'il détruirait le Temple et d'avoir prétendu le rebâtir en trois jours. Pourtant cette « prophétie » n'entraîne aucune conséquence en soi, aucun examen de ses tenants et aboutissants.

Le terrain judiciaire et religieux est déplacé sur le terrain de la parodie : « Fais le prophète ! » (Mc 14, 65), se moqueront les gardes malmenant Jésus lors de la scène des outrages. C'est plutôt le moyen pour les rédacteurs des évangiles de l'associer à la grande tradition des prophètes calomniés, comme Jérémie.

Quant aux signes et prodiges visés par le Deutéronome, ils n'alimentent pas davantage le dossier établi contre Jésus.

Seul l'évangile de Jean, aux lendemains de la résurrection de Lazare, en fait état, alors que la question ne se pose pas dans les autres évangiles. « Que faisons-nous ?, se demandent les adversaires de Jésus, cet homme fait beaucoup de signes » (Jn 11, 47).

Au fond, s'il en était besoin, c'est bien *a contrario*, la preuve que Jésus n'a jamais en quoi que ce soit annoncé de « nouveaux dieux », qu'il n'a jamais apostasié sa foi, qu'il est resté fidèle jusqu'au bout au seul dieu d'Israël.

Même les faux-témoins avancés par les évangiles synoptiques ne se risquent pas sur ce terrain.

Jésus a tout de même été accusé d'avoir blasphémé...

Le procès juif est le théâtre d'un procès fictif.

Les accusations portées explicitement contre Jésus

dans le cadre du Sanhédrin n'ont pas à voir avec la réalité ni avec la vraisemblance.

Pour l'accuser de blasphème, le Sanhédrin fait grief à Jésus de s'être prétendu le Christ, ou le Messie selon le terme hébreu, ou encore le Fils de l'homme, c'est à dire l'annonciateur de la Fin des temps.

Mais l'attribution d'aucun de ces deux titres dans la tradition juive ne revêt un caractère blasphématoire.

Tout au plus cette prétention peut-elle être jugée extravagante, comme le formule clairement une intervention prêtée au rabbin Gamaliel dans les Actes des Apôtres.

A travers le souvenir de Theudas, il fait référence aux prétendants messies pour défendre le cas de Pierre et des apôtres entendus, à leur tour, par le Sanhédrin. Le personnage de Gamaliel conseille à ses pairs de ne pas s'occuper « de ces gens-là. Si leur propos, dit-il, ou leur œuvre vient des hommes, elle se détruira d'elle-même ; mais si vraiment elle vient de Dieu, vous n'arriverez pas à les détruire » (Ac 5, 38).

Chez Luc, l'accusation monte apparemment d'un cran : c'est de se dire Fils de Dieu qui est retenu à charge contre Jésus. Mais dans la tradition juive, tout être humain est fils de Dieu, même si la Bible réserve ce titre à quelques figures d'exception, aux justes, aux anges, aux rois, mais il se peut plus largement au peuple juif, le peuple élu.

Il n'y a rien non plus qui soit là de l'ordre du blasphème.

L'évangile de Jean, bien avant l'arrestation de Jésus, développe précisément ce thème à la manière rabbinique. Il met en scène un dialogue avec des juifs qui veulent lapider Jésus « parce que n'étant qu'un homme tu te fais Dieu » (Jn 10, 33), lui reprochent-ils. Ce à quoi Jésus s'empresse de rétorquer : « N'est-il pas écrit dans votre loi : "J'ai dit : vous êtes des dieux" » (Jn 10, 34).

Pourquoi ces accusations ?

A travers Jésus, au moins quarante à cinquante ans plus tard, ce sont les premiers juifs chrétiens qui sont attaqués et qui se défendent.

C'est pourquoi, encore dans l'évangile de Jean, le grand-prêtre, bizarrement, interroge Jésus « sur ses disciples et sur sa doctrine » (Jn 18, 19).

D'une part, les disciples de Jésus ne sont qu'une poignée, et ne constituent pas alors un mouvement très menaçant. D'autre part en ce qui concerne sa doctrine, Jésus a beau jeu de répondre : « C'est au grand jour que j'ai parlé au monde, j'ai toujours enseigné en synagogue et dans le Temple où tous les Juifs s'assemblent et je n'ai rien dit en secret » (Jn 18, 20). Chassés des synagogues par la réforme pharisienne, ceux qui se reconnaîtront dans la communauté de Jean auront toujours conscience d'être juifs, d'être les vrais juifs, en tout cas de ne pas être des hérétiques.

La « doctrine » de Jésus serait, parallèlement à la manière pharisienne, une autre forme d'exégèse de la Torah. Elle n'aurait, de plus, aucun caractère « secret », aucun aspect ésotérique – comme le soutiennent pourtant les courants gnostiques du christianisme primitif.

Mais il y a aussi un double sens car la formule relève typiquement de la phraséologie romaine au tournant du Ier et du IIe siècle, lorsque les chrétiens persécutés doivent chercher à rassurer l'Empire et convaincre qu'ils ne sont pas les adeptes de « la détestable superstition » que mentionne Tacite ou d'une superstition nouvelle et malfai-

sante que pressent Suétone. Pour les chrétiens de l'époque
et de la théologie de l'évangile de Jean, affirmer, par
Jésus interposé, leur lien à la synagogue et au Temple
s'adresse tout autant à l'intérieur qu'à l'extérieur, à leurs
ennemis juifs comme à leurs adversaires païens : il est
vital d'assurer les autorités impériales qu'ils appartien-
nent toujours à la religion juive car elle bénéficie du statut
reconnu de *religio licita*.

Le « procès » de Jésus constitue donc un argumentaire
pour les disciples de l'époque des évangiles. Argumentaire qui sera encore plus développé, à travers les procès
de Pierre et de Paul, par les Actes des Apôtres.

Dans les évangiles synoptiques, le procès devant le
Sanhédrin offre une tribune solennelle pour les chrétiens
qui se réclament de Jésus et qui célèbrent son rôle sur-
naturel d'envoyé de Dieu. « Vous verrez le Fils de
l'homme siégeant à la droite de la Puissance et venant
avec les nuées du ciel » (Mc 14, 62), prédit-il à ses juges.

Jésus n'était donc pas coupable ?

L'évangile de Marc et celui de Matthieu suggèrent
l'inanité des charges. Ils ne savent pas eux-mêmes qu'en
faire : « Les grands-prêtres et tout le Sanhédrin cherchaient un témoignage contre Jésus pour le faire mourir,
peut-on lire, et ils n'en trouvaient pas » (Mc 14, 55).

Mais la preuve sans doute la plus décisive que Jésus
n'était pas coupable au regard de la loi juive, c'est la
façon dont il est mort, c'est son exécution.

Si Jésus avait été un blasphémateur ou un imposteur,
il aurait dû finir lapidé.

D'après les *Toledot Yeshu*, c'est le sort qui lui sera

d'abord réservé, mais c'est parce que Jésus devenu Jésus-Christ incarne pour les juifs le symbole du christianisme et de la trahison. Peu après la mort de Jésus, c'est par lapidation sur ordre du grand-prêtre que meurent par exemple Étienne, disciple de Jésus, selon les Actes des Apôtres, puis selon Flavius Josèphe, Jacques le frère de Jésus. La pratique en était tolérée par les Romains.

Or Jésus a été crucifié, et le supplice à l'époque ne désigne qu'un mode d'exécution romain. Depuis que les troupes de l'Empire occupent la province de Judée, seul le gouverneur détient le droit de vie et de mort.

L'évangile de Jean, à nouveau lui, a pris les devants. Quand les émissaires de Caïphe lui amènent Jésus, Pilate leur réplique : « Prenez-le, vous, et jugez-le selon votre Loi » (Jn 18, 31).

Quoique inventée, l'attitude du préfet romain semble particulièrement de bon sens. Il se refuse à entrer dans un conflit d'ordre apparemment religieux entre juifs. Au point que ce sont les adversaires de Jésus qui doivent donner à Pilate, en même temps qu'au lecteur, une petite leçon de droit. Pour le ramener à ses devoirs, « il ne nous est pas permis de mettre quelqu'un à mort » (Jn 18, 31), lui signifient-ils.

Indéniablement l'évangile de Jean est porteur d'une information de nature historique.

Mais que veut dire cette mise au point ?

C'est de leur absence lors de la condamnation à mort de Jésus que les personnages des grands-prêtres se justifient, en fait. C'est sourdement un regret que leur fait exprimer l'évangéliste.

Le préfet romain qui a le droit de mettre à mort a ordonné l'exécution de Jésus, mais ce sont les Juifs qui,

de leur propre aveu, en portent l'intention, la responsabilité. Par cette petite phrase, par ce constat objectif de
la situation à l'époque de Jésus, par ce rappel de faits
incontestables, ce sont eux, « les Juifs » comme il les
nomme, que l'évangile de Jean réussit à entraîner dans
la responsabilité directe de la crucifixion.

*Que peut-on deviner du comportement des juifs à l'égard
de Jésus ?*

Il suffit de lire les évangiles pour comprendre que la
grande majorité des Judéens ou des Galiléens a ignoré
jusqu'à l'existence de cet homme, et qu'en tout cas ceux
qui le connaissaient, ceux qui ont été frappés par ses
guérisons, par son verbe, par son rayonnement personnel,
n'ont pas pressenti le destin qui l'attendait.

A suivre les textes, on constate que les bénéficiaires
et les témoins de ses miracles, les auditeurs de ses sentences et de ses paraboles s'évanouissent au fur et à
mesure de l'activité de Jésus, que les rangs des disciples
ne grossissent pas. Les troupes qu'il convertit en Galilée
ou les foules enthousiastes qui sont censées l'accueillir à
Jérusalem disparaissent sans raison quand il faudrait le
soutenir. La pression populaire en faveur de Jésus que
les évangélistes voudraient attester n'a guère d'actualité :
ces derniers, pourrait-on dire, prennent leurs désirs pour
des réalités.

Deux indices supplémentaires permettent de ramener
à de plus justes proportions l'accueil et la ferveur dont
Jésus a pu être l'objet de son vivant.

A Gethsemani les disciples fuient quand Jésus est
arrêté, victimes de leur faiblesse, au point que même *a*

posteriori le comportement de Pierre, le chef des douze disciples, ne sera pas transformé en geste héroïque. Ils sont victimes surtout de leur insuffisance numérique, au point que seul Jésus sera attrapé et condamné, au point qu'aucun des disciples ne sera crucifié avec Jésus, mais seulement d'anonymes larrons.

Si le groupe de Jésus, en outre, avait eu quelque poids, disciples et partisans mêlés, comment concevoir qu'Hérode Antipas, souverain de Galilée et ordonnateur de l'exécution de Jean le Baptiste, n'ait pas immédiatement réagi, comment admettre que les Romains et Pilate en premier lieu aient attendu d'être informés par les grands-prêtres pour sentir enfin la menace, et ne serait-ce que la menace d'un simple mouvement de foule...?

Notre regard est évidemment biaisé par l'avenir ultérieur du christianisme.

Il l'est avant cela par la mise en scène dont témoigne chacun des textes, par leur travail proprement dramaturgique.

Pourquoi cette « mise en scène » ?

Le « procès » de Jésus est un maillon décisif de l'entreprise des évangélistes.

Les auteurs chrétiens doivent expliquer l'inexplicable. Comment le plus grand nombre qui aurait dû, en Israël, accueillir Jésus ne l'a pas fait, comment ceux auxquels il s'adressait ne l'ont pas entendu, comment hier (quand il était vivant) et aujourd'hui (après sa mort) n'étant pas reconnu a-t-il pu, de fait, être rejeté ?

Chaque auteur, chaque communauté va donc impliquer autant que faire se peut les autres, les autres juifs, dans

la responsabilité passive voire active de sa mort, indépendamment de toute vraisemblance.

Chez les trois synoptiques, la réunion improbable du
Sanhédrin a pour bénéfice de compromettre au delà des
grands-prêtres les élites juives, y compris les pharisiens
qui font partie du Conseil (ils y sont en minorité du temps
de Jésus, mais le composeront en totalité après 70).

L'évangile selon Jean fait, quant à lui, très significa-
tivement procéder à l'arrestation de Jésus par une troupe
improbable qui amalgame la milice des grands-prêtres et
des pharisiens.

Mais surtout au milieu du récit de la Passion, avant la
mise à mort de Jésus, l'évangéliste Jean glisse une ambiguïté qu'il ne faut cesser de désamorcer. « Alors il le *leur*
livra pour être crucifié » (Jn 19, 16), écrit-il de Pilate,
résolu à faire exécuter Jésus. Mais, au lieu des soldats
romains qui étaient seuls chargés des exécutions, le pro-
nom « leur » désigne sans les nommer les Juifs, comme
s'ils avaient pu être les assassins de Jésus... Ce *leur* est
un leurre dont l'efficacité s'avérera redoutable.

Témoignant pourtant d'ordinaire de moins d'acharnement envers ses adversaires juifs, l'évangile de Luc
conclut sur une note excluant toute ambiguïté : « Quant
à Jésus, écrit-il, il le livra à leur bon plaisir » (Lc 23, 25).
Dans l'évangile de Pierre, texte apocryphe, ce sont les
Juifs eux-mêmes qui effectueront la crucifixion...

D'évangile en évangile, les évangélistes surenchéris-
sent : alors que Marc et Matthieu taisent que Jésus est
mis à mort par des bourreaux, Luc et Jean leur donnent
un visage, ou plutôt un masque. De façon générale, la
responsabilité se propage des autorités juives au peuple
juif dans son ensemble.

Cette collectivité qui devient « les Juifs » chez Jean est encore chez Luc, du moins au moment de la montée au supplice de Jésus, « une grande masse du peuple (qui) le suivait ainsi que des femmes qui se frappaient la poitrine et se lamentaient sur lui » (Lc 23, 27). Mais c'est pour voiler l'étendue d'un tableau peu sensible aux nuances.

Jésus aurait-il pu être gracié ?

Par-delà leurs accents et leurs différences, les quatre évangiles se rejoignent sur une péripétie abracadabrante.

A l'occasion des grandes fêtes juives, le préfet romain aurait eu coutume de gracier un prisonnier. Outre qu'aucune trace de cette prétendue coutume, voire de ce privilège, n'a jamais été exhumée dans les archives, on voit mal le dépositaire de l'autorité impériale faire d'une mesure de clémence qu'il était seul en droit d'exercer l'objet d'une sorte de marchandage public, de mise aux enchères, de spectacle de cirque dans lequel la foule aurait eu le dernier mot.

On voit au contraire très bien, et de manière saisissante, comment le portrait de l'alter ego de Jésus pour la circonstance, Barabbas, se trouve de plus en plus chargé au fur et à mesure des évangiles. Il ne sert qu'à accabler ceux qui vont, à cor et à cri, réclamer sa libération au gouverneur, au lieu de celle de Jésus.

Matthieu ou l'un de ses premiers copistes devait être si conscient de la force symbolique de l'alternative proposée aux Juifs qu'à « Jésus que l'on appelle Christ » (Mt 27, 17) il oppose un autre Jésus, Jésus Barabbas que l'on trouve ainsi prénommé dans certains manuscrits anciens.

En tout état de cause, Barabbas est dans chaque récit l'enjeu d'une dernière chance qui est offerte aux Juifs de Jérusalem et qu'ils repoussent. Barabbas prouve jusqu'à l'outrance non seulement leur erreur, leur mauvais choix. « Que son sang soit sur nous et sur nos enfants ! » (Mt 27, 25) va jusqu'à s'exclamer le peuple dans une sorte de prémonition sinistre...

Mais certains disciples de Jésus ont eux aussi été incriminés par les évangélistes ?

Il n'y a pas que la foule qui est accusée par les évangiles, il y a aussi des proches, des frères.

Si Pierre est intronisé dans l'évangile de Matthieu chef de la future « église », mais uniquement chez lui, il est passablement maltraité par tous les évangélistes (il renie trois fois son maître après l'arrestation de Jésus) et ce n'est rien à côté de Judas.

Comme Pierre, Judas est l'un des douze disciples, l'un des intimes. Mais il est aussi, systématiquement, « celui qui allait trahir Jésus ». Comme une épée de Damoclès suspendue au dessus de sa tête, la marque d'infamie empêche de lire le texte des évangiles. Elle fait de la question de sa trahison une des questions les plus sensibles de l'étude du Nouveau Testament, à croire qu'au-delà de l'histoire de Jésus et de Judas, un archétype est en jeu.

Judas a-t-il vraiment trahi Jésus ?

Écrivains et exégètes se sont succédés pour tenter d'expliquer le geste de Judas, voire pour redonner une certaine noblesse à son personnage, essayant de deviner en lui un comparse déçu si ce n'est un complice de son plan apocalyptique.

Il est vrai qu'il fallait sauver Judas, ou du moins l'excuser.

Du fait de sa traîtrise, du fait de son nom qui signifie « le Juif » n'a-t-il pas très vite incarné, au-delà des frontières de la Judée à laquelle son nom réfère, le pire, comme s'il devait à jamais personnifier le Traître ? Sans que jamais, il est vrai, le texte ait pu prévoir le cortège d'horreurs et d'abominations qui allait s'accrocher à cette effigie.

Hasard, coïncidence, ou vice caché ? On ne saura jamais, d'autant que les évangiles ne mettent pas en avant les associations inévitables entre Judas et la tribu de Juda, entre Judas et la Judée, encore moins entre Judas et le Juif symbolique qu'il va devenir à son corps défendant.

Reste tout de même qu'avant d'expliquer le geste de Judas, il aurait peut-être mieux fallu se demander pourquoi, à lire simplement les évangiles, ce geste paraît tellement inexplicable.

La nécessité que Jésus soit trahi par l'un de ses disciples n'a en effet aucun caractère d'évidence.

Pourquoi Judas doit-il servir à reconnaître Jésus alors que les évangélistes vantent sans cesse sa célébrité ? « Or, le traître leur avait donné ce signe convenu : "Celui à qui je donnerai un baiser, c'est lui ; arrêtez-le et emmenez-le sous bonne garde". Et aussitôt arrivé, il s'approcha de lui en disant : "Rabbi", et il lui donna un baiser. Les autres mirent la main sur lui et l'arrêtèrent » (Mc 14, 44-46).

Pourquoi les grands-prêtres ont-ils tellement attendu pour agir ? Jésus lui-même formule l'objection : « Cha-

que jour j'étais auprès de vous dans le Temple, à enseigner, déclare-t-il à ceux qui viennent le chercher, et vous
ne m'avez pas arrêté » (Mc 14, 49).

L'évangile de Jean, plus attentif aux invraisemblances,
fait du jardin de Gethsémani où Jésus est arrêté un lieu
de rendez-vous apparemment connu des seuls disciples.
Mais dans les évangiles synoptiques, la « chance » s'était
déjà présentée. Judas connaissait l'endroit secret où Jésus,
dans une atmosphère de conspiration, avait réservé une
salle pour manger le dernier repas avec ses disciples.
Mais ce secret a été vain. Judas n'en a pas profité pour
prévenir les grands-prêtres, alors même qu'il « cherchait
une occasion favorable pour le livrer » (Mc 14, 11), alors
même qu'ils ne voulaient pas arrêter Jésus pendant la fête
« de peur qu'il y ait du tumulte parmi le peuple »
(Mc 14, 2).

Jésus était-il prévenu de cette trahison ?

Pendant le souper qui suit, Jésus lui-même révèle la
trahison dont il sera victime. Puis le repas continue et
Jésus partage le pain et le vin avec ses disciples.

Comme si rien ne s'était passé.

Ce qui est encore plus étrange, c'est que Jésus ne
prononce jamais le nom de celui qui va le trahir : « En
vérité, je vous le dis, l'un de vous me livrera » annonce-
t-il (Mc 14, 18 ; Mt 26, 21 ; Jn 13, 21). Mais le lecteur
(qui n'ignore rien) ne sait pas si Jésus connaît vraiment
le traître car, au lieu de le dénoncer aux disciples, il parle
par énigmes et vise en fait tout aussi bien l'un ou l'autre
des Douze qui se demandent chacun si c'est de lui qu'il
parle... Ainsi chez Marc il désigne « un qui mange avec

moi » (Mc 14, 18), chez Matthieu « quelqu'un qui a plongé avec moi la main dans le plat » (Mt 26, 23), chez Luc, « voici, dit-il, que la main de celui qui me livre est sur la table » (Lc 22, 21).

L'incertitude demeure totale, à tel point que dans l'évangile de Marc le traître n'est même jamais démasqué pendant le repas... Ce à quoi Matthieu et Luc apporteront remède pour éviter de faire persister la confusion. Insistant sur le malentendu des disciples, l'évangile de Jean affinera l'identification : le traître n'est plus seulement chez lui « l'un des Douze » sans autre précision mais, Jésus le promet, « celui à qui je donnerai la bouchée que je vais tremper » (Jn 13, 22-25). Pourtant malgré ce signe aveuglant, personne autour de la table ne voit ni ne comprend.

La trahison de Judas est, sur le plan du récit, un événement qui ne concerne pas les autres disciples, – comme s'ils ne coexistaient pas, comme une action parallèle. D'ailleurs lorsque Jésus sera arrêté, aucun d'eux ne cherchera même à se venger du traître.

Remarque-t-on d'autres anomalies ?

Dans la première épître aux Corinthiens, Paul qui ne cite jamais Judas évoque la nuit où Jésus « fut livré » (I Co 11, 23), sans que l'accusation ne vise un disciple en particulier plutôt que les grands-prêtres. Lorsqu'il recense la liste des bénéficiaires d'apparitions de Jésus ressuscité, il indique notamment que le Christ est apparu « aux Douze » (I Co 15, 5).

Chez Matthieu aussi mais surtout chez Luc, alors que l'action du traître est en marche, Jésus promet à ses dis-

ciples qu'ils seront tous récompensés : « Vous mangerez
et boirez à ma table en mon Royaume, et vous siégerez
sur des trônes pour juger les douze tribus d'Israël »
(Lc 22, 29-30). L'évangile de Jean s'obstine lui aussi
après la Passion, à faire référence au groupe des douze
disciples, comme si Judas en faisait toujours partie :
« l'un des Douze », dit-il, pour présenter Thomas
(Jn 20, 24).

Chez Jean, après que Judas soit parti dans la nuit, un
disciple demande à Jésus d'éclaircir un point de son discours d'adieu. Or ce disciple inconnu qui l'interroge se
nomme également Judas. Le rédacteur de Jean, qui n'a
jamais employé ce surnom pour le qualifier directement,
ajoute aussitôt dans une parenthèse : « Pas l'Iscariote »
(Jn 14, 22). Ne dirait-on pas un lapsus ? Ni la trahison
ni, si celle-ci a bien eu lieu, l'identification du traître à
Judas ne semblent s'imposer. On dirait au contraire que
sa place dans le corps du texte est contrainte et forcée.

Judas est devenu, du point de vue des évangiles, la
personnification des Juifs parce que, selon l'expression
de Luc et de Jean, « Satan était entré en lui » – comme
en eux. Mais avant de devenir symbolique des Juifs dans
leur ensemble, de leur trahison, on peut faire l'hypothèse
qu'il l'a été d'un groupe particulier d'entre eux : des
Judéens de Jérusalem aux yeux des juifs de la Diaspora,
de disciples juifs et chrétiens considérés par leurs frères
comme des « faux chrétiens », des faux-frères, donc des
traîtres en puissance. Le rôle de Judas, avant tout, n'est-il
pas intrinsèquement lié, dans les évangiles synoptiques,
à l'institution de l'eucharistie, ce sacrement fondateur de
la communauté chrétienne elle-même ? On ne doit en
effet jamais oublier que de nombreuses tendances théo-

logiques ont divisé et déchiré le mouvement chrétien primitif, y compris lorsqu'il n'était encore que l'une des formes du judaïsme.

Peut-on penser que les évangiles sont antisémites ?

Le procès de Jésus est un boomerang.

Dans les évangiles synoptiques, il permet de se retourner contre les soi-disants accusateurs, il permet d'instruire le procès des Juifs.

Quant à l'évangile de Jean, s'il ne comporte aucun récit de procès juif proprement dit, c'est pour une autre raison : c'est que tout l'évangile chez lui fait, page après page, le procès des Juifs.

Tous les auteurs du Nouveau Testament entrent dans cette logique (dont ils ne peuvent savoir que c'est la logique du pire).

Dans la première épître aux Thessaloniciens, on peut lire ces lignes terribles (quand bien même ne seraient-elles pas réellement de la main de l'apôtre Paul) : « Vous avez souffert de la part de vos compatriotes, dit-il aux chrétiens de Thessalonique, les mêmes traitements qu'ils ont souffert de la part des Juifs : ces gens-là ont mis à mort Jésus le Seigneur et les prophètes, ils nous ont persécutés, ils ne plaisent pas à Dieu, ils sont ennemis de tous les hommes... » (I Th 2, 14-15).

Et dans les Actes des Apôtres, Pierre accuse les habitants de Jérusalem, leur disant de Jésus « vous l'avez tué et fait mourir en le clouant à la croix par la main des impies » (Ac 2, 23) ou : « Que toute la maison d'Israël le sache donc avec certitude, Dieu l'a fait Seigneur et Christ ce Jésus que vous, vous avez crucifié » (Ac 2, 36).

L'antisémitisme moderne a ses racines dans l'antisémitisme de l'Antiquité, mais il faut se garder d'être anachronique comme de lire naïvement les écrits chrétiens.
Les textes qui composent le Nouveau Testament ne sont
pas des textes historiques au sens moderne du mot. L'histoire qu'ils racontent n'est pas, uniquement, celle qui a
réellement eu lieu, l'histoire publique, mais l'histoire sou-
terraine, l'histoire des conflits, des violences, des outran-
ces dont ils portent toujours la trace.

Il faut admettre que ces récits ont été à leur manière
des textes de propagande, dans la mesure d'abord où leur
but premier était de propager la conviction chrétienne.
Ce sont par conséquent des récits polémiques. Ils polé-
miquent avec leurs adversaires, et les adversaires qu'ils
veulent convaincre ou plus simplement vaincre ne sont
pas les autres, qui leur sont étrangers, qu'ils ignorent,
avec lesquels ils ne partagent aucune croyance, aucune
valeur, aucun passé, aucune foi, ce sont au contraire les
plus proches d'eux. Une part d'eux-mêmes.

Les évangiles sont l'histoire de Jésus racontée dans
cette optique. Ainsi constituent-ils, sans cesse, une
extraordinaire boite noire, le témoin d'une catastrophe
qui a bouleversé le judaïsme il y a dix-neuf siècles, une
scission.

*Comment peut-on mesurer l'évolution de cet antiju-
daïsme chrétien ?*

Dans l'évangile de Marc, Jésus débat encore, quarante
ans après sa disparition, avec les scribes et les pharisiens.
Quinze ou vingt ans plus tard, dans l'évangile de Jean,
Jésus se heurte à ceux qu'il nomme simplement « les

Juifs » et qui rejettent ses disciples hors des synagogues. L'histoire implicite que racontent ces textes, et dont on mesure les ravages au fur et à mesure que les évangiles se succèdent et que la situation se détériore, est celle d'une guerre civile, bientôt d'une guerre de religions. Cette guerre intellectuelle (qui a divisé également le courant chrétien primitif lui-même) est exactement contemporaine de la guerre juive qui, à la fin du Ier siècle et au début du second, a vu succomber Israël sous le coup tout autant des légions romaines que des luttes intestines et fratricides.

L'opposition de la Galilée à la Judée qui a dû marquer l'origine du mouvement est devenue une opposition de l'autorité de Jérusalem aux « Églises de Judée » (selon l'expression de Paul dans la première épître aux Thessaloniciens), puis de la Judée dans son ensemble à la diaspora juive d'Asie mineure, d'Égypte, de Grèce, de Rome, puis du judaïsme pharisien au judaïsme non orthodoxe propre au courant chrétien, puis à l'intérieur de celui-ci des chrétiens juifs aux chrétiens d'origine païenne, lesquels vont devenir largement majoritaires.

Le caractère antijudéen puis antijudaïque porté par les textes va se transformer en antijudaïsme ontologique. Dès le IIe siècle, le Nouveau Testament déshéritera les juifs en faisant de leur Bible l'Ancien Testament tandis que le christianisme se revendiquera comme « véritable Israël ». Après avoir nourri des siècles et des siècles d'antisémitisme, l'antijudaïsme sera même constitutif de l'identité chrétienne, – au point que l'on priera pour « les perfides juifs » lors de la Semaine sainte jusqu'au milieu du XXe siècle.

Le danger qu'il y a à prendre les textes chrétiens à la lettre, les évangiles pour « paroles d'évangile », c'est

d'oublier dans quelles circonstances ils ont été écrits,
de ne pas voir que les textes eux-mêmes ne sont pas
d'accord entre eux, qu'à l'intérieur du Nouveau Testament ils sont en conflit les uns avec les autres, qu'ils
sont même en conflit à l'intérieur d'eux-mêmes.
L'évangile de Jean qui n'a pas de mots assez durs pour
les Juifs est celui qui contient la phrase fameuse « le
salut vient des Juifs » (Jn 4, 22) ; l'évangile de Luc qui
promet comme celui de Matthieu que Jésus ne changera
« pas un trait » de la Torah (Lc 16, 16) est aussi celui
qui travestit l'histoire en incriminant directement les
Juifs dans la responsabilité de la mort de Jésus.

*C'est bien pourtant comme « roi des Juifs » que Jésus a
été crucifié ?*

Les évangélistes relatent tous en effet que Pilate a fait
placer sur la croix un écriteau, le *titulus*, qui motive la
peine de mort infligée par les Romains à Jésus.

Avec de menues variantes, ils confirment tous que cette
pancarte portait les mots : « Roi des Juifs » (Mc 15, 26).
Matthieu précise : « Jésus, roi des Juifs » (Mt 27, 37),
Luc ajoute : « Celui-ci est le roi des Juifs » (Lc 23, 38),
et Jean complète : « Jésus le Nazôréen, roi des Juifs »
(Jn 19, 19).

Cette inscription est sans doute l'unique archive
« écrite » concernant le procès de Jésus, et même sa vie
et sa mort.

Il est impossible en effet que les termes en aient été
inventés a posteriori. L'expression n'est pas flatteuse
comme l'aurait été l'un des titres chrétiens attribué à
Jésus, « Christ », « Seigneur », « Sauveur ». Significati-

vement la formule « Roi des Juifs » ne sera jamais valo-
risée dans le Nouveau Testament. Elle ne servira jamais
ultérieurement à désigner la figure de Jésus-Christ.

Elle ne correspond pas une désignation interne au
judaïsme (on aurait alors préféré l'expression glorieuse
de « Roi d'Israël », ainsi qu'elle apparaît dans l'évangile
de Pierre), mais parler des « Juifs » dénote un point de
vue extérieur, en l'occurrence le point de vue romain sur
Jésus.

« Roi des Juifs » : nommer ainsi le supplicié c'est en
outre l'exposer à la risée puisque le roi ne règne que sur
le bois de la croix, puisque le roi est nu (comme l'était
tout supplicié). C'est montrer ce à quoi l'Empire dans sa
toute puissance réduit ceux qui se mettent en travers de
sa route. C'est signifier de la façon la plus brutale que
Jésus a été exécuté comme criminel politique.

On voit ce que l'expression contient d'embarrassant,
et plus encore peut-être pour les premiers disciples, les
premières communautés qui le vénèrent et se réclament
de lui.

En dépit de cet embarras, il s'agit d'une donnée que
les évangélistes ne peuvent passer sous silence, d'une
donnée avec laquelle il leur faut compter, d'autant plus
qu'avec la crucifixion elle désigne sans ambages la responsabilité des Romains.

*Comment reconstituer le procès de Jésus du point de vue
romain ?*

Il faut lire le récit du procès romain de Jésus, l'interrogatoire par Pilate comme le point d'arrivée des évangélistes, non comme leur point de départ. C'est à partir

de l'écriteau sur la croix qu'ils reconstituent le jugement de Pilate.

L'interrogatoire de Jésus n'a eu aucun témoin, il n'a laissé aucune trace dans les archives impériales. Pilate n'a jamais parlé. Et pourquoi s'en serait-il souvenu ? Jésus devait être à ses yeux un parmi d'autres, un agitateur, un illuminé parmi des dizaines ou des centaines d'autres, un « brigand » comme les larrons crucifiés avec lui.

Dès le deuxième siècle et pendant longtemps, des « Actes de Pilate », en forme de procès-verbal, auront beau circuler, les uns d'inspiration chrétienne et les autres issus des milieux païens et antichrétiens de l'Empire, ce sont des fabrications très largement postérieures aux faits et sans autre valeur historique que de nous renseigner sur les polémiques des premiers temps.

Autour des années 60 à 90, les évangélistes doivent effectuer leur reconstitution avec l'objectif de plus en plus avoué de montrer patte blanche au pouvoir en place.

« Tu es le roi des Juifs ? », questionne Pilate, dans tous les évangiles pour entamer l'interrogatoire de Jésus (Mc 15, 2 ; Mt 27, 11 ; Lc 23, 3 ; Jn 18, 33).

L'accusation est particulièrement surprenante.

D'une part les grands-prêtres n'en ont jamais fait état quand ils ont interrogé Jésus.

D'autre part, Jésus ne nie pas l'accusation.

Rien ne servirait en effet de nier puisque la cause est entendue.

Que Jésus se soit ou non reconnu une prétention messianique et donc une prétention royale (avec pour corollaire la volonté de restaurer le royaume d'Israël), il l'est devenu quand les évangélistes écrivent « Christ » : Jésus était selon l'interprétation des chrétiens le messie qu'Israël attendait.

Que Jésus ait été exécuté à tort ou à raison, il l'a été en tout état de cause comme « Roi des Juifs ». Des années plus tard, les évangélistes ont pour tâche de dédramatiser cette accusation.

Chez Marc et chez Matthieu qui suit son récit de très près, le dialogue entre Jésus et Pilate tourne court. C'est un dialogue de sourds. Jésus se tait. On dirait même qu'il ne sait pas, pas plus que les évangélistes, quelles sont les charges précises portées contre lui – si bien, notent les deux évangélistes, que Pilate était « étonné » (Mc 15, 6 et Mt 27, 14).

Chez Jean, Pilate va jusqu'à poser ouvertement la question aux accusateurs : « Quelle accusation portez-vous contre cet homme ? » (Jn 18, 29). Mais leur réponse n'est pas faite pour nous éclairer : « Si ce n'était pas un malfaiteur, nous ne te l'aurions pas livré » (Jn 18, 30).

Seul l'évangile de Luc ose, pour ainsi dire, jouer avec le feu, comme s'il endossait les accusations romaines contre Jésus. « Nous avons trouvé cet homme, disent les accusateurs, mettant le trouble dans notre nation, empêchant de payer les impôts à César et se disant Christ Roi » (Lc 23, 2). Comme chez Marc et Matthieu, Jésus continue d'observer un mutisme absolu.

« Ta nation et les grands-prêtres t'ont livré à moi, résume Pilate. Qu'as-tu fait ? » (Jn 18, 35). Chez Jean, la situation évolue alors brusquement, l'accusé rompt le silence. « Jésus répondit : "Mon royaume n'est pas de ce monde. Si mon royaume était de ce monde, mes gens auraient combattu pour que je ne sois pas livré aux Juifs. Mais mon royaume n'est pas d'ici." » (Jn 18, 36.)

Jésus était-il un apôtre de la non-violence ?

« Je ne suis pas venu apporter la paix mais le glaive ! »
(Mt 10, 34), l'exclamation furieuse de Jésus rejoint le
cortège de ses paroles les plus mémorables. Phrases historiques ou mots d'auteur ? Les querelles d'attribution ne
sont pas prêt de s'éteindre. A ceux qui se persuadent
volontiers d'être parvenus à isoler un petit groupe de
paroles « authentiques » au style oral typiquement araméen, d'autres ont beau jeu de rétorquer que ce substrat
sémitique ne garantit pas qu'elles émanent bien de Jésus,
pas plus que la singularité de leur propos qui reflète
souvent la sagesse juive, voire des emprunts directs à la
Bible hébraïque.

A cela s'ajoute un élément plus troublant.

Les paroles de Jésus n'auraient-elles pas dû constituer
pour les héritiers du Christ un trésor si précieux qu'il
fallait les conserver jusqu'au moindre mot ? Or rarissimes
sont les paroles que reprennent à l'identique les quatre
évangiles. Quant aux écrits dits apocryphes, ils connaissent d'autres phrases du maître que les évangiles canoniques. Les épîtres de Paul, enfin, mentionnent quelques
paroles de Jésus, mais les évangélistes qui écrivent pourtant quelques dizaines d'années plus tard les ignorent...

« Je ne suis pas venu apporter la paix, mais le glaive »,
la phrase n'apparaît pas, par exemple, dans l'évangile de
Marc, alors qu'il est le document le plus ancien des quatre, pas plus que dans l'évangile de Luc ou celui de Jean.
On la lit exclusivement chez Matthieu.

Mais il y a encore plus surprenant.

Quelques chapitres plus loin, toujours chez Matthieu,
le même Jésus retire de l'autre main ce qu'il vient de

donner. « Tout ceux qui prennent le glaive périront par le glaive » (Mt 26, 52), lance-t-il en guise d'anathème, comme si le personnage se critiquait lui même, s'efforçant de désarmer ceux de ses partisans qui auraient voulu réellement, par la force, purifier la terre sacrée d'Israël. Comme les « brigands » dont parle Flavius Josèphe.

Les textes du Nouveau Testament permettent eux-mêmes, en creux, de comprendre ce qui a pu se passer. Il y a certainement eu aux premiers temps du christianisme une production importante de « paroles de Jésus » due à des prophètes inspirés, à ceux qui pensaient que leur maître était toujours vivant et qu'il fallait manifester sa présence et continuer d'entendre sa voix, pour attendre son retour. De même le personnage de Jésus a-t-il dû servir de porte-parole à des courants de pensée qui voulaient tirer de lui leur légitimité.

Or ceux qui se réclament de lui, aux premiers temps du christianisme naissant, s'opposent aussi entre eux, jusqu'à se déchirer. Le Jésus d'amour et de paix, le Jésus du pardon et de la soumission, le Jésus non-violent, celui même que portent à son comble les béatitudes du Sermon sur la Montagne (c'est encore chez Matthieu), ce visage n'est pas plus celui du « vrai Jésus » que celui du prophète enragé qui fomente l'Apocalypse, le Jésus de violence, le Jésus de colère.

Quel a été le « vrai » Jésus ?

Deux figures, ou davantage, traversent sans cesse les évangiles. Elles sont comme l'ombre l'une de l'autre, inséparables. Paradoxalement, elles constituent la lettre même du texte du Nouveau Testament, son talent souvent extraordinaire du double langage, le principe permanent de non contradiction qui le guide comme dans les rêves.

Cela montre bien la difficulté extrême qu'il y a à vouloir déterminer ce qui remonte à Jésus pour le distinguer de ce qui relève de ses premiers disciples et des communautés chrétiennes.

Le dialogue avec Pilate est sans conteste une invention de l'évangéliste Jean, mais à tous égards un chef-d'œuvre.

De ces phrases – en araméen ou en grec, qui peut même le dire ? –, de cet échange que personne n'a entendu il a tiré un dialogue philosophique dont toute l'histoire contrastée du christianisme a tiré parti. En même temps que ce coup de génie, il a réussi à accréditer l'idée que Jésus, pourtant juif lui-même et crucifié par les Romains, a été « livré aux Juifs », et à justifier un fait étonnant, c'est qu'il est mort seul, abandonné de tous, sans que « ses gens aient combattu ».

Pourquoi Pilate défend-il Jésus ?

Flavius Josèphe a laissé de Ponce Pilate un portrait qui n'a rien à voir avec celui des évangélistes. Autant il fait montre d'indulgence et d'humanité dans la littérature chrétienne, au point de sembler l'avocat de Jésus auprès des grands-prêtres, autant le personnage historique qui a gouverné la Judée de 26 à 36 a laissé le souvenir d'un préfet brutal, répressif, provocateur parfois, dépourvu en tout cas de cette finesse politique caractéristique d'autres gouverneurs des provinces de l'Empire.

Les évangiles ne peuvent pas nier l'évidence. Ils ne nient pas l'action romaine mais ils travaillent à l'atténuer, à la réduire. Tout le procès romain plaide ainsi non seulement en faveur de Jésus, mais en faveur de son juge. Exonérer l'autorité romaine a pour contrepartie immédiate de permettre de charger les accusateurs juifs de Jésus. Chez Matthieu, Pilate finit par se laver les mains de toute l'affaire, déclarant à la foule : « Je ne suis pas responsable de ce sang ; à vous de voir ! » (Mt 27, 24).

Jésus est un martyr, et Pilate l'agent en même temps que la victime de la raison d'État. Le bourreau n'est pas coupable.

Dans tous les évangiles, Pilate n'a de cesse de vouloir relâcher Jésus, reconnu pourtant comme « roi des juifs ». C'est son refrain : « Que ferai-je donc de celui que vous appelez le roi des Juifs ? » (Mc 15, 12). Aussitôt formulée, l'accusation devient nulle et non avenue : « Quel mal a donc fait cet homme ? Je n'ai trouvé en lui aucun motif de condamnation à mort » (Lc 23, 22). Chez Jean, après avoir multiplié les contre-attaques et les objections de procédure, Pilate déclare par trois fois, à peu près dans les mêmes termes, l'innocence de Jésus.

Plus frustre chez Marc et chez Matthieu, le procès romain a toujours pour but de faire prononcer l'acquittement de Jésus par le représentant de Rome (la flagellation et les outrages ne sont présents dans le récit que pour illustrer, du point de vue impérial, la peine réelle à laquelle Jésus aurait dû être condamné).

Luc associe même à la décision de Pilate le verdict d'Hérode Antipas, souverain de Galilée. Alors que dans l'évangile de Pierre, c'est lui qui a pour rôle de condamner Jésus à mort (pour laisser les Romains complètement hors de cause), Hérode Antipas est, de façon historiquement tout aussi invraisemblable et exclusivement dans l'évangile de Luc, chargé de confirmer l'analyse du gouverneur romain. Mais le ressort sans doute plus secret de son intervention c'est qu'en tant que descendant d'Hérode le Grand, dernier « roi des Juifs » en titre, il montre que Jésus n'est pas un rival.

L'évangile de Jean dramatise encore le trait. « Crucifierai-je votre roi ? » Véritablement à bout d'arguments, Pilate pose la question fatidique aux grands-prêtres qui lui répliquent, ni plus ni moins : « Nous n'avons d'autre roi que César ! » (Jn 19, 15).

Quelle est la vraisemblance de ce procès romain ?

Dans chaque évangile, mais de plus en plus subtilement, le procès devant Pilate est l'occasion d'un extraordinaire retournement de situation. C'est que tout le procès romain sert à défendre la cause de Jésus, à renverser l'accusation, à faire en sorte que le titre de « roi des Juifs » récompense Jésus mais surtout qu'il soit vide de sens, qu'il prenne une signification purement religieuse. Le « dialogue » entre Pilate et Jésus sert à vider de sa dangerosité la notion de messie, à l'expurger de sa dimension terrestre et nationaliste, de l'ambition royale qui va de pair avec elle.

Il faudra tout de même attendre trois siècles pour que le christianisme devienne religion officielle de l'Empire romain. Mais en attendant, les évangiles ont réussi à faire du procès de Jésus un procès d'exception, un procès exemplaire.

Mais la réalité a dû être dénuée de toute exemplarité (pas plus lui que d'autres, aucun de ses contemporains n'a eu les honneurs des annales de l'histoire).

Les grands-prêtres, si c'est bien eux qui ont ordonné

l'arrestation de Jésus, l'ont probablement déféré devant Pilate sans autre forme de procès. Et Pilate, après l'avoir interrogé conformément aux règles du droit romain ou sans prendre tant de peine, l'a condamné au châtiment capital, au motif, vrai ou faux, qu'il troublait la paix civile, qu'il apparaissait, délibérément ou malgré lui, comme un messie, comme un « roi des Juifs » censé vouloir restaurer la royauté d'Israël, laver de son impureté la terre de Yahvé.

La justice ordinaire de l'Empire est passée, et comme des centaines ou des milliers d'hommes avant et après lui, elle a expédié Jésus à la croix.

V

MORT ET RESSUSCITÉ

Quand Jésus est-il mort ?

Personne ne sait quand Jésus est né, mais la date exacte de sa mort, sans être aussi problématique, demeure incertaine et hypothétique.

Des dates précises de la crucifixion circulent pourtant ici et là et étonnent par leur extraordinaire netteté : 7 avril 30, 27 avril 31, 3 avril 33...

Trois dates, c'est de toute façon plus qu'il n'en faut.

La chronologie rassure. Elle nous confirme que Jésus est bien mort, donc qu'il a bien vécu. Elle extrapole à partir des données du texte du Nouveau Testament une datation qui n'y figure pas. Toutes les dates sont le fruit d'une reconstitution, et cette reconstitution n'a rien d'incontestable au-delà même du fait qu'elle résulte d'une mise en concordance avec le mode de comptage des calendriers modernes.

Deux personnages historiques interviennent au cours du procès de Jésus : Pilate, préfet de Judée de 26 à 36 et Caïphe, grand-prêtre du Temple de Jérusalem de 18 à 35. La Passion peut donc être fixée entre l'an 26 ou 27 et l'an 35, – Hérode Antipas occupant depuis l'an -4 le trône de tétrarque de Galilée qu'il conservera plus de quarante ans, jusqu'en 39.

Les quatre évangiles concordent à dire que Jésus a été crucifié au début de la Pâque juive, grande fête de pèlerinage qui dure 7 jours, du 15 au 21 du mois de nisan, soit en mars ou avril selon les années juives. Tous sont d'accord pour affirmer que cet événement eut lieu la veille de sabbat, le jour dit de la Préparation, un vendredi donc.

Mais des difficultés, à vrai dire considérables, sur le strict plan de la reconstitution chronologique, surviennent alors. Les évangiles ne sont, en effet, pas d'accord entre eux pour situer la mort de Jésus. Le plus extraordinaire peut-être c'est que cette divergence n'a pas été supprimée lorsque les textes ont été canonisés et qu'elle subsiste telle quelle dans le Nouveau Testament obligeant souvent les exégètes à « choisir ». Mais pas plus qu'il n'est possible de choisir objectivement, scientifiquement, entre le Jésus de colère et le Jésus d'amour de l'ennemi, comment choisir entre les textes, de quel droit, à quel titre ?

Pour Marc, suivi par Matthieu et Luc, cette veille de sabbat, coïncidait avec le premier jour de la Pâque.

Pour Jean, la veille de sabbat coïncidait, cette année là, avec la veille de Pâque, non avec le premier jour de la fête religieuse. Dans ce cas la crucifixion aurait eu lieu un jour plus tôt, – et par conséquent une autre année.

Quelle est la valeur de ces deux datations ?

Les deux dates ont chacune leurs arguments.

Du point de vue romain, la crucifixion avait valeur d'exemple. Il était donc logique de profiter d'une part de l'affluence de pèlerins au Temple, et d'autre part de la venue du préfet à Jérusalem, alors qu'il séjournait d'ordinaire à Césarée.

Exécuter des condamnés à mort le premier jour d'une grande fête comme celle de la Pâque pouvait ainsi avoir une valeur particulièrement dissuasive. C'était aussi, dit-on, provoquer les foules, – mais les supplices, les textes prennent la peine de le dire, avaient lieu en dehors de la ville.

A l'inverse, procéder à une exécution la veille du commencement de la semaine de la Pâque donnait néanmoins au châtiment une grande valeur d'exemple, tout en ménageant la susceptibilité juive.

Mais on réfute généralement cet argument en mettant en évidence le caractère résolument théologique de l'évangile de Jean, notamment sur ce point de chronologie – quoique le Talmud assure également en évoquant Jésus : « on le pendit la veille de la Pâque ». La précision n'a pas nécessairement valeur historique, elle peut signifier, en dehors de toute historicité, que lorsque la figure de Jésus sera devenue chrétienne *stricto sensu* et que le christianisme aura rompu avec le judaïsme, il serait devenu inacceptable que le héraut de cette nouvelle religion puisse contaminer la Pâque juive...

Comment, de façon générale, déduire des informations historiques à partir d'indications probablement non-historiques ?

Toute la discussion sur la chronologie est à vrai dire assez spécieuse, à défaut d'éléments extérieurs qui permettraient d'appuyer ou d'infirmer l'une ou l'autre des deux thèses.

Par parenthèses, reste à ne pas négliger l'insistance des quatre évangiles, cette fois unanimes tout au long du récit de la Passion, sur le jour de la Préparation, comme façon de référer la mort de Jésus à la veille du sabbat qui est désigné dans les textes comme jour juif par excellence, jour du repos, jour des interdits.

Autant que faire se peut, il faudrait essayer de se replacer dans le temps, et envisager les problèmes auxquels les écrivains des évangiles ont pu être confrontés.

Prenons pour postulat que Jésus a bien été crucifié au moment de la Pâque, sans plus de précisions (il n'est pas sûr par exemple que l'évangile de Jean, dans un premier état du texte n'ait pas hésité à situer la mort de Jésus dans un autre contexte, celui de la fête des Tentes, en automne).

A partir de cette donnée, le rédacteur de l'évangile de Marc (suivi par les deux autres synoptiques) d'un côté, le rédacteur de l'évangile de Jean de l'autre côté vont avoir à raconter le récit de la Passion d'un point de vue théologique. Ils vont avoir à s'expliquer, à expliquer la mort de leur maître et le sens qu'il faut lui donner, à interpréter cette mort, à l'admettre, à la surmonter, à la comprendre à travers ce qu'ils pensent être le plan de Dieu. La communauté dont ils sont l'émanation a aussi à commémorer au fil des années un événement tragique qu'elle ne doit pas enfermer dans le deuil mais qui doit annoncer les bouleversements à venir, « les temps nouveaux ».

Comment les évangélistes vont-ils utiliser cette référence ?

La fête de Pâque célèbre à la fois la libération du peuple juif, la sortie d'Égypte sous la conduite de Moïse puis l'entrée en Terre promise sous la conduite de Josué après la traversée du Jourdain. Les auteurs chrétiens vont ainsi faire de la mort de Jésus et de l'annonce de sa résurrection une nouvelle Pâque, modèle pour le judaïsme du salut que Dieu apporte à Israël. Ils vont utiliser cette contrainte de la Pâque pour mettre en œuvre les associations d'idées, les symboles, les images qu'appelle cette grande référence.

C'est le sens de la formule que l'on retrouve, vers l'an 55, dans la première épître aux Corinthiens, lorsque l'apôtre Paul proclame : « notre pâque, le Christ, a été immolée » (I Co 5, 7).

La mort de Jésus est interprétée comme un sacrifice, et ce sacrifice est associé à celui des agneaux immolés par milliers sur le parvis du Temple à la veille de la Pâque. En situant la crucifixion à cette heure même, l'évangile de Jean reprend le même schéma. Il désigne Jésus au terme de son parcours comme étant bien celui dont Jean le Baptiste avait annoncé la venue au début de l'évangile : « Voici l'agneau de Dieu qui enlève le péché du monde » (Jn 1, 29). Ce n'est pas un hasard si le mot « Pâque » lui-même est écrit sept fois dans le texte, car sept est par excellence le chiffre parfait.

Quand, à la fin du récit de la Passion selon Jean, les soldats s'apprêtent à donner le coup de grâce et constatent que Jésus est déjà mort, l'évangéliste souligne à dessein : « Ils ne lui brisèrent pas les jambes » (Jn 19, 33), et ajoute quelques lignes plus loin : « Car cela est arrivé afin que

l'Écriture fût accomplie : "Pas un os ne lui sera brisé" »
(Jn 19, 36).

Le livre de l'Exode prévoit en effet qu'aucun os de
l'agneau sacrifié pour la Pâque ne doit être rompu. De
même Paul développe-t-il encore la référence au rituel
prescrit par l'Exode, ajoutant à l'agneau pascal l'autre
composante essentielle de la Pâque juive qui exigeait de
manger des pains sans levain : « Purifiez-vous du vieux
levain, dit-il aux juifs chrétiens de Corinthe, pour être une
pâte nouvelle, puisque vous êtes des azymes » (I Co 5, 7).

Et dans les évangiles synoptiques ?

Chez Marc et les synoptiques, les correspondances
symboliques par rapport à la Pâque sont en jeu, mais elles
ne sont pas les mêmes que chez Jean.

La Pâque est déjà commencée quand meurt Jésus. C'est
que, plutôt fiction que vérité, Jésus est censé avoir déjà
mangé la Pâque avec ses disciples. Son arrestation dans la
nuit succède à la célébration du dernier repas. Et c'est dans
la même « journée » qu'il est jugé par le Sanhédrin et interrogé par Pilate, qu'il est crucifié et qu'il meurt après « la
neuvième heure », avant l'apparition de la première étoile.

Même si les jours sont comptés, dans le judaïsme, du
crépuscule au crépuscule, cet enchaînement de péripéties,
cette accélération de l'histoire, cette compression du
temps, tout cela persuade qu'il s'agit d'un arrangement
dramatique, non d'une probabilité encore moins d'une
certitude historique. Certains commentateurs ont même
suggéré qu'il avait pu exister un écart beaucoup plus long
que quelques heures entre l'arrestation de Jésus et son
exécution, plusieurs semaines ou plusieurs mois peut-être

qui avaient ensuite été contractés, selon le principe même des trois unités, autour de la Pâque.

Outre qu'elle fait de Jésus le fondateur même du sacrement de l'Eucharistie, la Cène est décrite comme le repas rituel de la Pâque. A y regarder de près manque sur la table l'essentiel, l'agneau. Désormais le Christ-Jésus est le véritable agneau pascal.

Ainsi la Pâque traditionnelle est-elle réinterprétée. Nouvelle liturgie, elle devait, du moins à l'origine, s'insérer dans la liturgie de la Pâque juive, la calquer sans chercher à s'y substituer, l'actualiser sans l'abolir. L'épisode de la Passion nous fait probablement entendre l'écho de cette première liturgie chrétienne qui devait être lue ou être récitée selon le déroulement du culte, les indications d'heure ou de lieu renvoyant probablement au déroulement du culte plutôt qu'au déroulement des faits.

La querelle « quartodecimane » qui a opposé jusqu'au IVe siècle, jusqu'au concile de Nicée, ceux qui voulaient commémorer « la Pâque du Christ » à date fixe (le 14 de nisan selon le calendrier juif), et ceux qui voulaient la célébrer selon le calendrier grégorien, donc à date variable, l'illustre également. Ce n'est pas sur la date historique de la Pâque chrétienne qu'il y a eu débat dans les premières communautés, quelles que soient les incertitudes dont témoignent les textes eux-mêmes, c'est sur la symbolique de la célébration, sa fonction rituelle, son enjeu théologique.

Que faire de ces contradictions ?

Pour les évangélistes, la vérité n'est pas d'ordre historique. C'est la vérité de l'événement qui compte, la

signification qu'ils parviennent à lire, et cette signification n'est jamais exclusive. Au contraire. Les expressions
qui nous apparaissent contradictoires ont été pour eux
des manières différentes d'exprimer la portée du même
événement.

Restent que les contradictions, anomalies, hiatus sont
pour nous un instrument de mesure des plus précieux, un
moyen incomparable d'exploration du passé qui permet
de déceler ce qui n'allait pas de soi, les points de désaccord, ce qui a fait débat à l'intérieur des premiers groupes
chrétiens.

La cohérence des évangiles est d'un autre ordre. Elle
résulte de leur unique référence et de leur référence
commune, la Bible hébraïque. Aucun des textes qui
composent aujourd'hui le Nouveau Testament n'a été
conçu dans le projet de constituer un nouveau corpus, de
rivaliser avec la Bible, ou même de la compléter. La Bible
est la seule culture des évangélistes, leur livre, leur biblio-
thèque, leur religion.

Les auteurs chrétiens, Paul en premier lieu, puis les
évangélistes doivent justifier la mort de Jésus et prouver
que Jésus, malgré toutes les apparences, était bien le
Messie attendu. Ils ont à raconter une histoire déjà écrite,
une histoire qui vérifie ce qui était annoncé par les Écritures. Avant d'amener au schisme qui opposera les Pères
de l'Église aux sages pharisiens et qui fera du Nouveau
Testament la clef de lecture de l'Ancien, la controverse
judéo-chrétienne a toujours été une querelle exégétique,
une querelle d'interprétation. Ainsi doit-on comprendre
dans les Actes des Apôtres, parmi bien d'autres exemples,
pourquoi Paul discute avec ses contradicteurs, trois sab-
bats de suite, « d'après les Écritures ». « Il les leur expli-

quait, établissant que le Christ devait souffrir et ressusciter des morts, "et le Christ, disait-il, c'est ce Jésus que je vous annonce" » (Ac 17, 3).

Comment ont procédé les évangélistes pour écrire le récit de la Passion ?

Après l'exégèse orale, les évangiles écrits sont une forme de *midrash* chrétien – le terme hébreu dérivé du verbe « chercher » désigne le fait de chercher dans la Torah ce qui permet de comprendre une situation actuelle, d'en trouver l'interprétation.

Plus l'évangile de Marc approche de la fin, plus les citations directes sont nombreuses. Dans les cinq derniers chapitres, Marc compte dix-sept références à la Bible, chaque évangéliste ensuite en ôtera et en ajoutera.

Par exemple, le silence de Jésus devant ses bourreaux est un emprunt au livre d'Isaïe : « Maltraité, il s'humiliait, il n'ouvrait pas la bouche comme l'agneau qui se laisse mener à l'abattoir, comme devant les tondeurs une brebis muette, il n'ouvrait pas la bouche » (Is, 53,7). De même, la flagellation puis les outrages : « J'ai tendu le dos à ceux qui me frappaient, et les joues à ceux qui m'arrachaient la barbe ; je n'ai pas soustrait ma face aux outrages et aux crachats » (Is, 50, 6). « Tous ceux qui me voient me bafouent, leur bouche ricane, ils hochent la tête ; "Qu'il s'en remette à Yahvé, qu'il le délivre ! Qu'il le libère puisqu'il l'aime !" » (Ps, 22, 8-9), peut-on lire aussi dans les Psaumes.

« Ils se partagent entre eux mes habits et tirent au sort mon vêtement » (Ps 22, 19) : sa mise à nu et le partage des vêtements viennent encore des Psaumes. Lesquels

apportent deux coïncidences supplémentaires avec le
récit de la Passion des évangiles. Le vinaigre qu'un soldat
tend à Jésus pour le désaltérer : « Pour nourriture, ils
m'ont donné du poison et dans ma soif ils m'abreuvaient
de vinaigre » (Ps 69, 22). Le dernier cri du crucifié avant
de mourir chez Marc et Matthieu : "Mon Dieu, mon Dieu,
pourquoi m'as-tu abandonné ?" » (Ps 22, 2).

L'influence des Psaumes est déterminante, mais la
figure d'Isaïe semble aller au-delà de la ressemblance.
Elle apparaît comme le prototype même de Jésus : « A
la suite de l'épreuve endurée par son âme, il verra la
lumière et sera comblé. Par sa connaissance, le juste, mon
serviteur, justifiera les multitudes en s'accablant lui-
même de leurs fautes. C'est pourquoi il aura sa part parmi
les multitudes, et avec les puissants il partagera le butin,
parce qu'il s'est livré lui-même à la mort et qu'il a été
compté parmi les criminels, alors qu'il portait le péché
des multitudes et qu'il intercédait pour les criminels »
(Is, 53,11-12).

En même temps, on peut penser que les auteurs des
évangiles compensent ainsi le peu qu'ils savent précisément de la mort de Jésus, tant et si bien que les derniers
mots de Jésus à l'agonie sont différents chez Luc, chez
Jean, et chez Marc et Matthieu.

Le coup de lance est-il certain ?

Dans toute l'histoire de la peinture depuis la Renaissance, Jésus crucifié ou descendu de la croix est systématiquement représenté blessé au côté droit. Cette blessure a été produite par le coup de lance de l'un des soldats
romains qui, pour s'assurer que Jésus était bien mort,

« lui perça le côté et il sortit aussitôt du sang et de l'eau »
(Jn 19, 34).

Ce coup de grâce qui est indéfectiblement attaché à la
représentation du Christ en croix n'est relaté pourtant que
par l'évangile de Jean. Marc l'ignore, et *a fortiori* Matthieu et Luc. Certes l'épisode n'a rien d'invraisemblable,
mais il est difficile de penser que Marc, le premier à
écrire, n'ait pas connu un détail aussi marquant ou que,
le connaissant, il l'ait passé sous silence.

Qu'en penser ?

D'abord que l'évangéliste, là aussi, s'est souvenu du
chapitre 53 du livre d'Isaïe où l'on peut lire la phrase :
« Il a été transpercé à cause de nos crimes » (Is 53, 5).

Ensuite que le corps se retrouve, par cette incision,
vidé de son sang et de son eau, qu'il est semblable à
l'agneau casher immolé pour la Pâque, l'agneau pascal
dont le récit du quatrième évangile poursuit la métaphore.

Enfin que par cette indication Jean veut donner la
preuve que Jésus a bien existé en chair et en os, qu'il a
souffert et qu'il est bien mort sur la croix, que Jésus est
un être humain, qu'il a été un homme parmi d'autres – ce
que Paul le premier n'a pas manqué de rappeler.

On a douté que Jésus soit un homme ?

La blessure du coup de lance semble à première vue
n'ajouter à la scène qu'un trait purement réaliste. Elle
laisse entrevoir, en réalité, un immense problème théologique. Un débat fondamental qui a agité les milieux du
christianisme primitif, milieux beaucoup plus divers et
divisés qu'on ne le croit communément.

Pour les cercles gnostiques, comme pour les milieux dont

témoignent parmi les apocryphes chrétiens aussi bien l'évangile de Pierre que l'évangile de Thomas, et particulièrement pour les cercles «docètes», la figure de Jésus est une figure surnaturelle, une figure divine. Ce n'est qu'une apparence humaine. Ainsi Jésus a-t-il fait semblant de mourir, mais il n'est pas mort et d'ailleurs il ne pouvait pas mourir puisqu'il était éternel. Il est mort en apparence. C'est Simon de Cyrène, celui qui dans les évangiles synoptiques l'a aidé à porter la croix, qui a été crucifié à sa place, c'est Judas, c'est un frère, un jumeau, un sosie...

Cette théorie, finalement jugée hérétique, sera marginalisée et sera écartée du *credo*. Mais c'est bien son écho que l'on peut toujours entendre, de manière inattendue, dans le Coran.

Jésus est un prophète reconnu par l'islam, et la sourate 4 vise moins à faire alliance avec le christianisme qu'à attaquer l'ennemi héréditaire, le judaïsme. Les juifs prétendent, c'est le Coran qui l'affirme : « Nous avons tué le messie, Jésus fils de Marie, envoyé d'Allah, alors qu'ils ne l'ont ni tué ni crucifié. Cela leur est apparu ainsi. »

Du fait de son prologue (« le Verbe s'est fait chair »), de ses conceptions ésotériques et de sa défense de la nature divine de l'être nommé Jésus, « le Fils Unique-Engendré qui est dans le sein du Père » (Jn 1, 18), l'évangile de Jean a été très en faveur dans les milieux gnostiques.

Il faillit même ne pas être intégré au canon du Nouveau Testament. Auquel cas c'est un texte apocryphe que nous connaîtrions aujourd'hui, à supposer même que nous puissions encore le lire, qu'il n'en subsiste pas que des lambeaux. Car la canonisation n'a pas eu que des conséquences normatives, elle a eu des effets secondaires, des effets matériels : en assurant la transmission des textes, leur divulgation et leurs copies, elle a développé leur conservation.

Après la crucifixion, Jésus aurait-il pu disparaître et se cacher à l'autre bout du monde ?

Pour certains, l'homme crucifié par les Romains n'était pas Jésus. La secte ahmadiyya, au XIXᵉ siècle, pensait que c'était bien Jésus qui avait été crucifié, mais qu'il avait été descendu de la croix juste avant sa mort. Guéri de ses blessures, il se serait enfui en Inde où il serait mort, des années plus tard.

Selon d'autres sources, après avoir traversé la Sibérie, Jésus serait arrivé au Japon. Il s'y serait marié, aurait eu trois enfants et se serait éteint à l'âge de 106 ans. Il reposerait aujourd'hui dans le cimetière du petit village de Shingo, à quelques centaines de kilomètres de Tokyo.

D'autres vies « posthumes » de Jésus tout aussi rocambolesques ont été imaginées au fil des époques, à l'instigation de groupes plus ou moins chrétiens du monde entier. Ces légendes nées souvent sous l'influence d'autres modes de croyance en l'au-delà témoignent bien entendu de l'incapacité de certains croyants à admettre que Jésus ait pu mourir comme n'importe quel autre être humain.

Plus sournoisement, ces fantaisies sont aussi la manifestation d'un antisémitisme secret mais tenace qui, à toute force, cherche encore et toujours à arracher Jésus au judaïsme car pour beaucoup encore – y compris malheureusement pour beaucoup de chrétiens – Jésus peut être tout, sauf juif...

Que cette mort soit inacceptable, les évangiles en sont un témoignage éclatant. Mais un témoignage qui a paradoxalement cherché à atténuer les conséquences proprement fantastiques de la croyance en la vie de Jésus après sa mort, fondement de la foi chrétienne.

Au contraire des récits canoniques, les évangiles apocryphes ont à diverses reprises ouvert la voie de la fantasmagorie et conçu pour Jésus, dès les premiers temps, des survies tout aussi extraordinaires que celles qui seront imaginées aux XIXe et XXe siècles. Même les polémiques anti-chrétiennes ne craindront pas d'user de genre d'arguments pour expliquer que si Jésus est apparu à ses disciples après sa mort, c'est qu'il n'était pas vraiment mort, c'est qu'il n'était pas davantage ressuscité, c'est qu'il avait été plongé dans le coma par des narcotiques violents et que des complices l'avaient ensuite réveillé et sauvé...

Tout cela a peu à voir avec la réalité car la crucifixion ne constitue pas seulement une mort par épuisement, mais une mort par asphyxie. Si elle n'est pas brève, et si le supplice est mené à son terme ainsi que le relatent les évangiles en ayant une autre finalité que la torture elle-même, c'est une des formes d'agonie les plus atroces qui doivent être et qui ne laisse aucune chance au condamné.

Est-ce à cause de la découverte du tombeau vide ?

Le point de départ de ces récits légendaires résulte de l'une des ultimes péripéties du récit de la Passion. Les quatre évangiles concordent à dire qu'après avoir rendu le dernier souffle Jésus a été hâtivement enseveli, juste avant que ne commence le sabbat. Tous les soins n'ayant pu être apportés au corps, c'est ensuite que des femmes seraient venues au tombeau pour rendre hommage au mort et c'est là qu'elles auraient découvert le tombeau vide.

C'est sur ce vide que se sont cristallisés l'espoir mais aussi les peurs.

Peur que le cadavre ait été volé, peur d'une supercherie des disciples : les deux hypothèses ne sont pas seulement le fruit de l'imagination des sceptiques, elles figurent en toutes lettres dans l'évangile de Matthieu qui prend à cœur d'y répondre.

Ce qui prouve bien que, une cinquantaine d'années après la mort de Jésus, la rumeur allait bon train. Aussi les grands-prêtres et les pharisiens viennent trouver Pilate et l'implorent : « Commande donc que le sépulcre soit tenu en sûreté jusqu'au troisième jour, pour éviter que ses disciples ne viennent le dérober et ne disent au peuple : "Il est ressuscité des morts". Cette dernière imposture serait pire que la première » (Mt 27, 64). Sur quoi Pilate, selon Matthieu, fait poster des gardes et sceller une pierre devant le sépulcre. Mais rien n'y fait : Jésus ressuscite, et ce sont les grands-prêtres qui sont obligés de soudoyer les gardes pour qu'ils racontent que les disciples ont dérobé le cadavre, « et cette histoire s'est colportée parmi les Juifs jusqu'à ce jour » (Mt 28, 15).

L'évangile de Jean fait jouer le même rôle à Marie-Madeleine. Quand elle découvre la pierre roulée devant le sépulcre, elle s'écrie : « On a enlevé le Seigneur du tombeau et nous ne savons pas où on l'a mis » (Jn 20, 2).

A vrai dire, nous ne savons pas, nous non plus, où le corps de Jésus a été mis.

Ne sait-on pas où se situait le Golgotha ?

L'archéologie n'est d'aucun secours puisque la découverte du Golgotha et du Tombeau du Christ, vénérés aujourd'hui à Jérusalem à l'intérieur de la basilique du Saint-Sépulcre, ne date que du début du IVe siècle. C'est l'évêque Macaire qui, à la demande de l'empereur Constantin fraîchement converti au christianisme eut la révélation de ce lieu dont l'existence avait été ignorée jusque là. Quant à la *via dolorosa,* le Chemin de croix tel qu'on peut le suivre aujourd'hui, il remonte, lui, au XIIe siècle.

Comme la plupart des lieux de pèlerinage, il s'agit de témoignages de la piété populaire dont la valeur sentimentale est bien plus solide que la valeur historique.

Jésus a-t-il été enseveli ?

Les évangiles soulignent indirectement que Jésus n'a pas été inhumé par Pierre ni par aucun autre de ses disciples (ainsi que Jean le Baptiste l'avait été par les siens, comme prend soin de le préciser l'évangile de Marc), ni par sa mère ou sa famille. Mais par un personnage inconnu, commun aux quatre évangiles, Joseph d'Arimathie, auquel l'évangile de Jean adjoint un certain Nicodème.

Or ce personnage, qui est le seul à prendre soin du corps du défunt ne fait pas partie de ses intimes ; il n'est pas non plus l'un des protagonistes des controverses de Jésus avec les pharisiens. Il entre dans l'histoire et disparaît aussitôt son rôle accompli. Il ne revient pas par exemple pour constater que la tombe qui lui appartient a été « violée », Pilate auprès de qui il a ses entrées ne le questionne pas pour savoir ce qui a pu se passer. Il ne sera pas non plus l'un des bénéficiaires identifiables des apparitions du ressuscité et ne figure nulle part dans les Actes des Apôtres, pourtant véritable catalogue des premiers cercles chrétiens.

A quoi sert le personnage de Joseph d'Arimathie ?

Le personnage de Joseph d'Arimathie a une fonction immédiate : faire passer un message indirect aux destinataires de l'évangile.

Sous l'histoire de ce Juif charitable, se trouvent certainement plusieurs autres histoires. L'une d'elles est faite pour nous rassurer. Elle nous raconte que même si le corps de Jésus a, d'une façon ou d'une autre, disparu après la mort, il avait bien été enseveli, il avait bien été placé dans un tombeau. Qu'importait alors l'ignorance dans laquelle on pouvait être de sa localisation exacte. Le fait de le nommer suffisait à le situer : il était dans le texte faute d'être sur un plan cadastral.

La présence de Joseph d'Arimathie empêche de se rappeler que le sort commun des suppliciés était d'être abandonnés à la fosse commune, quand ils n'étaient pas laissés sur le gibet, livrés aux corbeaux et aux chiens. Elle évite préventivement au mort, dont les disciples affirmeront qu'il est vivant, le risque du pire, d'être considéré par ses détracteurs comme une âme errante.

Avant de ressusciter « le troisième jour selon les Écritures », le Christ est mort et « il a été mis au tombeau » (I Co 15, 3-4) : c'est la confession de foi que transmet Paul dans la première épître aux Corinthiens.

Le calcul des « trois jours » est difficile à appliquer à

la chronologie évangélique. Dans les synoptiques, Jésus meurt le jour du sabbat (samedi) et ressuscite le dimanche matin. Selon Jean, il meurt la veille (le vendredi dans l'après-midi) et Marie-Madeleine, découvre le tombeau vide après le sabbat. Dans un cas comme dans l'autre, quel que soit le calcul des jours, selon la manière juive, selon la manière grecque, il faut vraiment une solide conviction pour en trouver trois.

Une quinzaine d'années après la rédaction de cette lettre aux chrétiens de Corinthe, Joseph d'Arimathie fait son apparition dans l'évangile de Marc. Au lieu d'une inhumation anonyme et sans détails, d'un ensevelissement quelconque, il garantit au défunt un minimum de respect après l'horreur de la crucifixion.

Grâce au personnage de Joseph d'Arimathie, on peut croire que Jésus a été enseveli d'une façon hâtive certes, en raison de l'arrivée du sabbat disent les évangiles, mais avec les égards qu'il pouvait attendre, à l'initiative d'un notable selon Marc et Luc, d'un homme fortuné selon Matthieu dont l'intervention évoque comme une réminiscence d'un autre verset d'Isaïe : « et sa tombe est avec le riche » (Is 53, 9).

Et le suaire de Turin ?

Révélée par la photographie en 1898, l'image fascinante du corps du Christ mort ne devrait plus alimenter les débats passionnés sur l'authenticité du suaire de Turin.

Cette image n'est pas une preuve. Ce n'est qu'une image, et le linge sur lequel elle est visible n'est pas un suaire ni un linceul : il n'a jamais contenu le moindre corps humain, pas plus celui de Jésus que celui d'aucun autre homme.

La datation au carbone 14 de ce tissu, effectuée à la demande du Vatican, a confirmé ce qu'apprenaient les sources historiques les plus anciennes, deux mises en garde prononcées à la fin du XIVe siècle par deux évêques de Troyes, dans la région où le suaire était apparu : le linge ne remontait pas aux années 30 de notre ère mais à la période 1260-1390.

Malgré cela, le débat rebondit pourtant périodiquement comme si tous les mystères du suaire n'étaient pas élucidés. La question non résolue porterait sur le processus de formation de cette image... Pauvre mystère : l'empreinte du corps n'est pas déformée comme elle devrait être, parce qu'elle a été obtenue à partir d'un bas-relief en bois par frottis ou tamponnage de pigments contre un linge humide...

La patine du temps a fait le reste, rendant cette icône naïve, cet objet de pèlerinage étrangement proche des chefs-d'œuvre de la statuaire religieuse.

Quand bien même la datation du tissu au carbone 14 aurait été impossible, le relevé anthropométrique du corps aurait dû suffire à lever le doute tellement les anomalies sont grandes. Mais surtout, par principe, comment concevoir que des juifs aient pu conserver un linge souillé par un cadavre alors que le judaïsme est si soucieux d'écarter l'impureté, et si résolument hostile à la pratique païenne avant d'être chrétienne des reliques !

Les évangiles apportent-ils la preuve de la résurrection ?

L'Église a toujours refusé de faire du tombeau vide une pièce dans l'argumentaire de la résurrection. A condition d'être sûr que l'ensevelissement ait bien eu lieu de la façon dont les évangiles le racontent, le fait même demeurait trop équivoque.

Mais le plus surprenant vient des textes eux-mêmes.

La résurrection de Jésus elle-même n'est jamais racontée.

On jurerait pourtant du contraire tellement le Nouveau Testament est coutumier de ce genre d'illusion d'optique, tellement la peinture s'est substituée aux mots tracés et imprimés sur le papier.

Jésus ne sort du tombeau que dans notre imagination et sur les toiles, les fresques, les mosaïques qui couvrent les murs des églises et des musées.

Jésus ne se réveille pas comme l'enfant à qui il a dit *Talitha koum !* Jésus ne revient pas à la vie comme Lazare sortant du sépulcre enroulé de bandelettes, après quatre jours passés dans l'au-delà.

Le texte peut être fouillé, ce sera en vain : il n'existe aucune description, aucune évocation du moment où Jésus ressuscite.

Pourquoi ? Puisque de toute façon ce récit, s'il existait, ne constituerait pas une preuve ou n'en serait une que pour ceux qui y croient...

A contrario, ce qu'il est très intéressant de remarquer, c'est que quelques textes chrétiens à peine postérieurs aux quatre évangiles, comme l'évangile de Pierre ou les Questions de Barthélemy (qui remonteraient au début du IIᵉ siècle) se sont aventurés sur cette voie. Mais, conséquence ou coïncidence, aucun de ces récits n'a été admis dans le Canon. Ces écrits sont devenus apocryphes : ils ont été considérés comme hérétiques au moment où la question de leur intégration dans le Nouveau Testament s'est posée.

Est-ce à dire que le christianisme primitif, dès l'origine, a bien eu conscience que l'idée même de résurrection défaisait l'imagination et l'entendement ? Que la résurrection, comme Dieu lui-même, échappait à l'image, qu'elle ne pouvait être représentée ?

Comment Jésus ressuscite-t-il dans les évangiles ?

A proprement parler, Jésus ne ressuscite pas : sa résurrection n'est pas racontée. Jésus meurt sur la croix et réapparaît, le mort apparaît vivant. Jésus se « fait voir » à ses disciples, selon le terme grec auquel tous les évangiles ont recours.

Mais, deuxième surprise, ces visions, ces apparitions de Jésus ressuscité que l'on nomme les « christophanies », forment un ensemble des plus disparates.

D'abord, un premier constat. L'évangile de Marc, pourtant écrit avant les autres, n'en contenait à l'origine aucune ! Sans qu'on sache si la fin a été perdue, le récit s'achevait on ne peut plus brutalement.

Les femmes qui découvrirent que le corps de Jésus avaient disparu n'étaient pas rassurées, écrit Marc, malgré l'extraordinaire annonce de la résurrection que leur fait l'ange, qui leur demande d'aller en Galilée prévenir les disciples. Au lieu de s'acquitter de leur mission et de répandre la nouvelle, le texte originel s'achevait semble-t-il sur un constat d'échec, sur le silence des femmes, sur leur effroi.

« Elles sortirent et s'enfuirent du tombeau, parce qu'elles étaient toutes tremblantes et hors d'elles-mêmes. Elles ne dirent rien à personne car elles avaient peur » (Mc 16, 8) : aussi incroyable que cela paraisse, ainsi s'achevait peut-être le premier évangile.

C'est vers le début du IIe siècle que la conclusion que nous lisons aujourd'hui dans tous les exemplaires du Nouveau Testament aurait été ajoutée au texte primitif. En une cinquantaine de lignes, ce que l'on appelle « la finale de Marc » propose une synthèse des trois autres évangiles que les derniers rédacteurs connaissent manifestement et auxquels ils empruntent sans difficultés des personnages et des situations.

Le texte de l'évangile de Marc a-t-il été remanié ?

Cet ajout qui est maintenant partie intégrante du récit canonique permet de voir que les écrits qui composent le Nouveau Testament n'étaient pas sacralisés comme on le croit souvent. Plus de trois cent mille variantes ont été recensées par les historiens du texte dont beaucoup d'erreurs de copistes, mais aussi des corrections et des différences toujours significatives qui montrent pour ainsi dire à cœur ouvert le travail d'écriture et de composition des rédacteurs des évangiles, développant tel épisode, retouchant tel autre, supprimant, déplaçant, rectifiant selon les besoins de leur cause (le célèbre dialogue de Jésus avec la femme adultère que l'évangile de Jean est d'ailleurs seul à relater figurait auparavant dans l'évangile de Luc, d'où il est désormais absent...)

L'autre aspect que révèle la finale de l'évangile de Marc c'est la disparité des récits d'apparition dans les évangiles. Contrairement au récit de l'activité de prêcheur et de guérisseur de Jésus dans les évangiles synoptiques, contrairement au récit de la Passion qui restitue malgré tout un schéma à peu près commun, les christophanies semblent obéir à une production libre qui ne correspond à aucun canevas. Elles reflètent des expériences qui sont sans contact les unes avec les autres, elles suscitent des épisodes dont les circonstances n'ont entre elles aucune unité.

Sait-on au moins à qui Jésus ressuscité serait apparu ?

Matthieu, Luc et Jean œuvrent chacun, pourrait-on dire, pour leur propre compte, en totale indépendance les uns par rapport aux autres. Imprévisible initialement, la réunion des textes à l'intérieur d'un livre commun en désigne l'étendue – sans que les copistes du Nouveau Testament n'aient rien fait ultérieurement pour aplanir ces différences, pour composer une sorte de résumé analogue à celui que propose par exemple la finale de Marc.

Chez Matthieu, les apparitions ont lieu à Jérusalem, elles concernent Marie-Madeleine et « l'autre Marie » (Mt 27, 61), « la mère de Jacques » (Mt 27, 10) sans plus de précisions. Puis une autre survient en Galilée à l'intention des onze disciples sans Judas. Mais le récit de Matthieu reste très laconique.

Avec Luc et avec Jean, les récits se développent considérablement. Chez Luc, l'une des visions se produit sur la route d'Emmaüs, deux pèlerins en sont les bénéficiaires, un nommé Cléophas et un marcheur anonyme. Une autre a lieu le même jour, à Jérusalem même, « les Onze et leurs compagnons » la voient (Lc 24, 33). Les pèlerins inconnus sont donc privilégiés par rapport à Pierre et aux disciples, aucune des femmes n'a de vision, de même aucune apparition ne se produit en Galilée.

Chez Jean, Marie-Madeleine a une vision à Jérusalem. Les disciples, sauf Thomas, lui succèdent. Huit jours plus tard, une scène d'apparition se reproduit, toujours à Jérusalem. Tous les disciples sont présents, y compris Thomas. Puis une autre a lieu plus tard en Galilée cette fois, au bord du lac de Tibériade, mais auprès seulement de sept des disciples, Simon-Pierre et Thomas sont du groupe, ainsi que Nathanaël de Cana, les deux fils de Zébédée, et deux autres dont « le disciple bien-aimé ».

Dans les Actes des Apôtres, ce n'est plus aux disciples à strictement parler que Jésus apparaît, mais aux « apôtres ». Et les apparitions s'étalent sur quarante jours.

Peut-on faire concorder ces apparitions ?

Les apparitions ne témoignent d'aucune unité de lieu : elles se produisent autant à l'extérieur qu'à l'intérieur d'une maison fermée, elles ont lieu en Judée, à Jérusalem et aux alentours, mais quelquefois également en Galilée, sans que les différents récits puissent se concilier.

En se manifestant aussi bien à une seule personne, à deux, ou à un groupe, les apparitions de Jésus ne concernent pas un ensemble précis et défini de témoins, de témoins clairement identifiables qui tiendraient leur poids du privilège qui leur aurait été accordé, de l'événement extraordinaire dont ils auraient été les bénéficiaires.

Mais surtout aux divergences ou aux incompatibilités entre les évangiles, s'ajoute une autre difficulté. C'est que Paul dans la première épître aux Corinthiens se fait le mémorialiste d'une tradition qu'il dit avoir reçue et qu'il transmet. Si l'on peut arriver approximativement à en reconstituer l'histoire, cette tradition pourrait remonter à la fin des années trente ou aux années quarante. Par conséquent, elle serait antérieure d'une quarantaine voire d'une cinquantaine d'années aux évangiles de Matthieu, Luc et Jean.

Or, en reprenant cette tradition, Paul énumère de façon très limitative, les bénéficiaires d'apparitions. Selon lui, le Christ « est apparu à Céphas (Pierre), puis aux Douze. Ensuite il est apparu à plus de cinq cents frères à la fois – la plupart d'entre eux demeurent jusqu'à présent et quelques-uns se sont endormis – ensuite il est apparu à Jacques, puis à tous les apôtres. Et en tout dernier lieu il m'est apparu à moi aussi, comme à l'avorton » (I Co 15, 5-9).

A part Pierre et les Douze, on peut constater que cette liste ne coïncide pas avec celles des évangiles, que les évangiles ne sont pas d'accord entre eux ni avec Paul.

Comment expliquer des différences aussi surprenantes ?

Que plusieurs rumeurs aient circulé dans les premiers temps, on peut le concevoir. Mais pourquoi la croyance fondatrice du christianisme est-elle, dans les textes du Nouveau Testament, à ce point dépourvue d'unité ? Pourquoi les spectateurs de ces visions, les destinataires de ces christophanies n'ont-ils pas été dûment répertoriés ? Un « événement » bouleverse les disciples, il les fait passer du désespoir et de l'apathie à l'enthousiasme. Or cette situation qui va occasionner des conséquences incalculables ne crée pas, apparemment, de légitimité pour ceux qui en sont la cause.

Dans les évangiles, les femmes entrent et sortent des listes, les disciples résistent autant qu'ils peuvent, Pierre n'est pas systématiquement donné comme ayant été le premier à croire...

La tradition citée par la première épître aux Corinthiens permet peut-être de comprendre le processus.

Le recensement de Paul ignore le contexte et les caractéristiques des apparitions. Comme son énumération se présente en deux phases, on peut même y discerner deux groupes indépendants qui ont été agglomérés, deux familles de pensée. Le premier gravite autour de Pierre et le second autour de Jacques, le frère de Jésus. Ce sont en effet les deux personnalités marquantes du christianisme primitif, et à travers elles deux conceptions de l'héritage.

Malgré les apparences, la liste de Paul n'est pas un procès-verbal, c'est une sorte de pacte entre ceux qui se réclament de Jésus, de compromis entre le cercle familial et le cercle des disciples, entre deux attitudes à l'égard des non-juifs. C'est aussi par rapport à ses deux rivaux que Paul se situe. « Le moindre des apôtres » qui veut proposer une troisième voie se revendique comme l'ouvrier de la dernière heure, comme l'ultime destinataire des christophanies.

Chez lui, les apparitions du ressuscité ne sont pas d'ordre événementiel. Même si elles concernent finalement un nombre important de bénéficiaires, plusieurs centaines de personnes si l'on dénombre la liste de la première épître aux Corinthiens, elles marquent un enjeu de pouvoir, elles sont sources d'autorité.

Pourquoi les évangélistes diffèrent-ils tellement de Paul ?

Tout change en effet avec les évangiles.

Chez Paul, les destinataires de christophanies semblent bénéficier, littéralement, d'une révélation, à tel point que les Actes des Apôtres sont amenés à mettre en scène la vision que l'apôtre ne raconte jamais lui-même dans ses épîtres : la lumière de Dieu le terrasse et le convertit sur le chemin de Damas.

Au lieu de cet éblouissement ou de cette révélation, les évangiles de Luc et de Jean utilisent un schéma contraire.

L'aveuglement et l'incrédulité de ceux qui ont une apparition est un préalable absolument systématique. Le malentendu et le quiproquo sont aussi essentiels que la christophanie.

Les deux hommes qui marchent en pèlerinage vers Emmaüs prennent Jésus pour un autre pèlerin. « Tu es bien le seul habitant de Jérusalem à ignorer ce qui est arrivé ces jours-ci ! » (Lc 24, 18), lui reproche même l'un d'eux avant de rappeler tout ce qui est arrivé à Jésus. A côté du tombeau où elle est venue pleurer dans l'évangile de Jean, Marie-Madeleine confond Jésus ressuscité avec le jardinier. Plus tard, les disciples qui pêchent sur le lac de Tibériade ne le reconnaissent pas davantage quand il leur parle depuis le rivage. Après avoir dit que les disciples se prosternèrent devant Jésus quand ils le virent ressuscité, l'évangile de Matthieu éprouve la nécessité d'ajouter : « d'aucuns cependant doutèrent » (Mt 28, 17).

Jésus ressuscité devient à travers les textes une figure indécise, semblable à ce qu'elle était autrefois et méconnaissable tout à la fois. Au lieu d'être celui que l'on ne peut voir, comme Dieu dans le judaïsme, c'est un être que l'on voit à peine, que l'on voit trop tard, que l'on reconnaît quand il n'est plus là. Quant aux pèlerins d'Emmaüs, « leurs yeux s'ouvrirent et ils le reconnurent... Mais il avait disparu de devant eux » (Lc 24, 31).

Le malentendu a un objectif précis, c'est de démontrer que la reconnaissance de Jésus ressuscité, de Jésus comme Christ, n'a rien d'un phénomène objectif. En dépit de l'accumulation invraisemblable de signes, de ressemblances, de coïncidences, c'est par dessus tout un acte qui engage l'adhésion du croyant, un acte de foi. Ainsi, selon les évangiles de Luc et de Jean, les témoins des apparitions de Jésus ressuscité ne sont pas ses disciples ou ses intimes. Les « vrais témoins » sont absents, ce sont les destinataires de l'évangile, les auditeurs ou les lecteurs qui n'ont pas connu Jésus, ceux qui ne le verront jamais de leurs yeux mais qui le reconnaîtront, de même qu'ils le reconnaissent déjà au contraire des personnages du récit qui, d'abord, restent sourds et aveugles.

Les récits d'apparition ne sont ni des titres de noblesse ni des témoignages historiques. Ce sont des exercices entre croire et ne pas croire, entre voir sans croire et croire sans voir, ce sont des exercices spirituels.

La résurrection a-t-elle eu une base réelle ?

Les exégètes ont coutume de dire que la résurrection est « un événement qui échappe à l'histoire ».

C'est bien signifier que la résurrection n'est pas un événement historique, un fait empiriquement constatable. Les polémistes païens les plus critiques envers le christianisme l'ont en leur temps assez remarqué, ironisant sur les chrétiens qui étaient incapables de produire des témoins objectifs de la résurrection. Curieusement, Jésus n'apparaissait qu'à ceux qui croyaient en lui, jamais à ses détracteurs, ses ennemis qu'il aurait été facile de confondre ainsi.

Reconnaissons aux évangélistes, pourtant voués tout entiers à leur œuvre de prosélytisme, pourtant sans état d'âme quand il s'agit de réécrire l'histoire judiciaire, cette forme d'honnêteté intellectuelle. Les uns après les autres, ils ne cachent pas, ou pas vraiment, que leur foi échappe à l'histoire, qu'ils prêchent des convertis, que les évangiles sont écrits pour affirmer les croyants dans leurs intimes convictions.

C'est chez Marc et Matthieu un ange qui profère l'annonce de la résurrection. Ils sont deux chez Luc et Jean. Mais c'est toujours une proclamation qui est faite, et les envoyés du ciel sont tout aussi surnaturels que la bonne nouvelle qu'ils apportent. Même à l'intérieur du récit, il s'agit ouvertement d'une parole que l'on peut croire ou ne pas croire. Et cette croyance est sans garantie, sans preuve.

Pourquoi Jésus ressuscité semble-t-il visible à travers les évangiles ?

Les évangélistes vont tout de même s'employer à faire voir Jésus ressuscité, à le ressusciter à travers les mots, à le faire apparaître. Tandis que, selon les Actes des Apôtres, l'apparition à Paul ressemblait à une vision lumineuse, Jésus ressuscité dans les récits a toutes les apparences d'un être de chair et de vie, c'est une figure

familière avec laquelle on devise sans inquiétude ni
surprise.

Luc prend les devants. Il raconte que les disciples
voyant le ressuscité apparaître tout à coup au milieu d'eux
s'effraient. « Mais il leur dit : "Pourquoi tout ce trouble,
et pourquoi des doutes montent-ils en votre cœur. Voyez
mes mains et mes pieds : c'est bien moi" » (Lc 24, 38-39).
Pour convaincre les récalcitrants, Jésus ressuscité va
même demander à partager le poisson grillé de ses disciples, et devant eux il mange. Dans une variante du texte
de l'évangile de Luc, il laisse même l'empreinte de ses
dents sur un morceau de miel...

Les récits de résurrection sont conçus comme des
démonstrations. Ils fournissent les preuves de la matière
corporelle du ressuscité. Chez Jean, c'est Thomas qui
joue le rôle de l'incroyant. « Si je ne vois pas dans ses
mains la marque des clous, si je ne mets pas mon doigt
dans la marque des clous, redit-il, et si je ne mets pas ma
main dans son côté, je ne croirai pas » (Jn 20, 25).

« Thomas ne croit que ce qu'il touche », dit-on toujours.
Mais contrairement à ce que l'on répète souvent, l'évangéliste se garde de faire effectuer ce geste par le disciple.
Thomas croit sans toucher. Il suffit que Jésus ressuscité lui
dise : « Porte ton doigt ici et regarde mes mains, porte ta
main et mets-la dans mon côté, et ne te montre plus incré-
dule mais croyant » (Jn 20, 27). La leçon de cet apologue
vient quelques lignes plus loin. Elle s'adresse, au-delà de
Thomas, à l'auditoire de l'évangile de Jean, très loin de
Jérusalem, des années et des années plus tard : « Heureux
ceux qui n'ont pas vu et qui ont cru » ((Jn 20, 29).

De même le fameux *Noli me tangere* propre également
à l'évangile de Jean et immortalisé par la peinture illus-

tre-t-il la même conception. Quand Marie-Madeleine a la vision de Jésus ressuscité, que lui dit-il exactement ? Ceci : « Ne me touche pas » (Jn 20, 17).

Le risque n'était-il pas de faire de Jésus un fantôme ?

Désormais tout signe énigmatique, toute lueur inexpliquée, tout claquement de vent ou grondement de tonnerre, pourra et sera interprété comme manifestant la présence de Jésus revenu d'entre les morts... Dans les textes du Nouveau Testament, il est incontestable que la résurrection fait peur.

Ce corps que l'on ne peut pas toucher, ce visage méconnaissable alors qu'il est identique à lui-même, son don d'ubiquité, ces capacités extraordinaires, son caractère immatériel, tout cela n'est pas de nature à rassurer. Jésus ressuscité brouille en effet la frontière normalement infranchissable entre l'humain et le non humain.

La figuration du ressuscité est liée aux visions dont un nombre inconnu de proches de Jésus a fait l'expérience après sa mort. Être persuadé de l'avoir vu vivant aura plusieurs implications pour ceux qui se reconnaîtront ultérieurement dans cette croyance. Il leur faudra sans doute éviter que leur maître en soit réduit à n'être qu'une hallucination passagère, qu'il n'apparaisse comme une forme délirante provoquée par le traumatisme de son exécution.

Si les femmes sont au premier plan dans les récits de la découverte du tombeau vide, il faut observer qu'à part Jean qu'inspire particulièrement Marie-Madeleine et qui magnifie son rôle au point de faire d'elle l'élue privilé-

giée de la première christophanie, l'attitude des évangiles
synoptiques à leur égard n'est pas du tout la même.

Marc les disperse, et il faudra attendre la finale de son
évangile pour qu'elles soient remises dans le circuit des
christophanies par le truchement de la dite Marie-Madeleine. Matthieu, inversement, les réunit manifestement
pour corriger la fin avortée de l'évangile de Marc.

Quant à Luc, pourtant particulièrement sensible à la
présence des femmes tout autour de Jésus (et autour des
apôtres dans les Actes), il les élimine purement et simplement. Chez lui (comme chez Paul avant lui), les christophanies sont uniquement affaires d'hommes. C'est qu'il
ne veut pas laisser barre à la critique. Il sait trop que le
témoignage de ces femmes pourrait être suspecté de
déraison. Il sait que Jésus a exorcisé jadis Marie-Madeleine et que d'elle sont « sortis sept démons » (Lc 8, 2).
Il sait aussi qu'on ne les croirait pas. Quand en groupe
elles vont trouver les disciples après avoir découvert le
tombeau vide, car au lieu de se taire elles parlent, « ces
propos, écrit-il, leur semblèrent du radotage » (Lc 24,
11).

En deuxième lieu, et le péril n'est pas moindre, les
chrétiens auront à éviter d'être accusés de spiritisme, de
nécromancie, de magie noire. Lucien, dès le IIe siècle, ne
s'en privera pas dans ses pamphlets. Ce serait adorer un
mort, ce serait nier le caractère divin de Jésus ressuscité,
nier sa résurrection.

D'où l'invitation étonnante que l'on peut lire chez
Luc : « Palpez-moi et rendez-vous compte qu'un esprit
n'a ni chair ni os, comme vous voyez que j'en ai » (Lc
24, 39).

Cela montre à nouveau que les évangélistes ne sont

pas confrontés à un problème de nature historique, ni seulement à des questions de polémiques, mais à un travail de catéchèse. A travers le modèle de Jésus ressuscité, c'est le destin des croyants qu'ils ont à préfigurer.

« Mais, dira-t-on, comment les morts ressuscitent-ils ? Avec quel corps reviennent-ils ? » (I Co 15, 35). Il n'y a pas que les chrétiens de Corinthe à se poser la question. Il est sûr que l'embarras des épîtres de Paul dès qu'il s'agit de formuler la nature et la forme de la résurrection révèle que le débat a été vif à l'intérieur même des communautés chrétiennes. Débat théologique et débat philosophique : pour les chrétiens juifs le corps et l'âme ne sont pas dissociables, tandis que les chrétiens d'origine grecque ne peuvent accepter que l'immortalité de l'âme. « A ces mots de résurrection des morts, les uns se moquaient, les autres disaient : "Nous t'entendrons là-dessus une autre fois" » (Ac 17, 32), c'est la réplique que l'on peut lire dans les Actes des Apôtres lorsque Paul tente de plaider la cause chrétienne à Athènes.

L'idée de résurrection est-elle chrétienne ?

Si elle constitue une monstruosité philosophique pour la pensée grecque, la doctrine de la résurrection n'est pas pour autant une création du christianisme.

Selon la tradition juive, les morts habitent le Shéol, le royaume des morts où ils demeurent comme des ombres. Ainsi les sadducéens, en s'appuyant sur la Bible, ne croient pas en l'existence de la résurrection. Dans les évangiles synoptiques, l'apologue de la veuve mariée successivement à sept frères le rappelle. Il permet à Jésus de répondre à la question cruciale de savoir

avec lequel de ses maris elle se retrouvera dans l'au-
delà.

De fait, l'espérance de vie posthume est marginale dans
le judaïsme ancien. Sur ce point comme sur d'autres, les
pharisiens sont en opposition avec les sadducéens. Eux ont
cette certitude qu'ils déduisent de leur lecture de la Torah.

C'est pourquoi Paul quand il proclame que Jésus est
« ressuscité le troisième jour » spécifie : « selon les Écritures » (I Cor 15, 4). C'est pourquoi les évangélistes vont
confier au personnage de Jésus le soin d'attester lui-
même la doctrine de la résurrection par une exégèse de
la Torah à la manière pharisienne : « Quant au fait que
les morts ressuscitent, enseigne-t-il, n'avez-vous pas lu
dans le livre de Moïse au passage du Buisson, comment
Dieu lui a dit : je suis le Dieu d'Abraham, le Dieu d'Isaac
et le Dieu de Jacob ? Il n'est pas un Dieu de morts mais
des vivants. » (Mc 12, 27.)

Du temps de Jésus, la doctrine est encore récente
puisqu'elle s'est faite jour seulement au deuxième siècle
avant l'ère chrétienne, à la fois dans le livre des Maccabées et dans le livre de Daniel. Deux écrits bibliques qui
sont des contrecoups de la politique d'hellénisation forcée
d'Israël par le roi Antiochus Épiphane.

Né dans ce contexte politique, le concept de résurrection est la récompense promise aux martyrs, à ceux qui
sont prêts à sacrifier leur vie à Dieu : « le Roi de l'Univers
nous ressuscitera, nous qui mourons pour ses lois » c'est
la certitude que l'on commence à voir dans le premier
livre des Maccabées.

Dès l'origine, la résurrection est ainsi liée à la révolte
des croyants, à l'insurrection des Justes. C'est le signe
de la victoire d'Israël sur ses ennemis, ce sera la preuve

du triomphe de Yahvé. Ce n'est donc pas une conviction religieuse intime. C'est l'un des versants de la croyance en l'intervention de Dieu dans l'histoire. La résurrection ne sera pas individuelle, elle sera la résurrection générale des morts (bien que seuls les Justes en bénéficient). C'est donc un événement collectif qui viendra au terme d'une période de guerre sainte et de persécutions, un événement qui se produira à un moment précis, au jour du Jugement final.

Voilà la seule conception juive, encore minoritaire, admissible du temps de Jésus.

L'évangile de Jean en contient un écho direct. Quand Lazare meurt, l'une de ses sœurs reproche à Jésus de ne pas être arrivé plus tôt. Pour la consoler, Jésus lui assure que son frère ressuscitera. « Je sais, dit Marthe, qu'il ressuscitera à la résurrection, au dernier jour » (Jn 11, 24). De même Jésus annonce-t-il son destin à des disciples, dans l'évangile de Luc, sa mort puis sa résurrection. « Et eux, ajoute-t-il, ne saisirent rien de tout cela ; cette parole leur demeurait cachée, et ils ne comprenaient pas ce qu'il disait » (Lc 18, 34).

Il y a de quoi en effet. Qu'un homme seul ressuscite, et qu'un homme ressuscite avant la Fin des temps, c'est en tout cas une idée impensable du point de vue juif.

Comment les auteurs chrétiens vont-ils opérer ?

Les visions et les apparitions de Jésus les ayant convaincus qu'il s'était réveillé d'entre les morts, qu'il était vivant, qu'il était ressuscité, les premiers disciples vont mettre au point une novation radicale du concept de résurrection.

Les évangiles sont témoins de cette élaboration. Ils vont devoir faire en sorte que la résurrection individuelle de Jésus à laquelle ils croient comme à une certitude s'inscrive malgré tout dans le cadre de la doctrine de la résurrection générale des Justes. Pour eux, elle n'est pas une entorse à la conception traditionnelle, elle demeure intrinsèquement liée à la perspective finale.

Cette résurrection de Jésus, dans la pensée chrétienne primitive, est un signe, et un double signe.

C'est le signal avant-coureur de la Fin des temps. C'est aussi la preuve décisive de l'accréditation divine de Jésus le Nazôréen, c'est la promesse de son retour en gloire imminent.

Les premiers chrétiens attendaient-ils la Fin des temps ?

L'attente de l'apocalypse a complètement disparu aujourd'hui de la mémoire chrétienne, de son système de pensée – sauf dans certaines dérives sectaires. Mais l'horizon de la Fin des temps est capitale pour comprendre à la fois le mouvement de Jésus et les origines du christianisme, à condition de voir que l'arrivée de la Fin des temps est indissociable du retour du Christ Jésus, de ce que l'on appelle sa « parousie ». Le terme vient du grec et signifie « venue » ou « présence » dans le sens d'un avènement royal, en l'occurrence celui du Royaume de Dieu.

Il n'est pas difficile de le constater en ouvrant un exemplaire du Nouveau Testament : tous les textes chrétiens en portent la marque du début à la fin, de l'évangile de Matthieu sur lequel il s'ouvre et qui commence par « la genèse de Jésus-Christ, fils de David, fils d'Abraham »

(Mt 1, 1) à l'Apocalypse – précisément – qui marque l'achèvement de la grande Tradition d'Israël. Ses derniers mots qui sont aussi les derniers du Livre sont ceux-ci : « Le garant de ces révélations l'affirme : "Oui, mon retour est proche !" Amen viens Seigneur Jésus ! Que la grâce du Seigneur Jésus soit avec tous ! Amen » (Ap 22, 20-21).

La première épître aux Corinthiens ne se termine-t-elle par la même exhortation : « *Maran atha* » (I Co 16, 22), ce qui signifie également en araméen, « Seigneur viens ! ».

Après Jean le Baptiste, à la suite de Jésus, les premiers disciples et les premiers chrétiens sont en état de qui-vive. « Il en sera comme d'un homme parti en voyage : il a quitté sa maison, donné pouvoirs à ses serviteurs, à chacun sa tâche, et au portier il a recommandé de veiller. Veillez donc car vous ne savez pas quand le maître de la maison va venir, le soir, à minuit, au chant du coq ou le matin, de peur que venant à l'improviste, il ne vous trouve endormis. Et ce que je vous dis à vous, je dis à tous : veillez » (Mc 13, 34-37). « Vous savez vous-mêmes parfaitement, affirmait déjà Paul dans la première épître aux Thessaloniciens, que le Jour du Seigneur arrive comme un voleur en pleine nuit. Quand les hommes se diront : Paix et sécurité ! c'est alors que tout d'un coup fondra sur eux la perdition, comme les douleurs sur la femme enceinte, et ils ne pourront y échapper » (I Th 5, 1-3).

L'inquiétude est lisible à travers la succession des textes.

Dans l'évangile de Marc, Jésus précise même la date du dénouement. L'échéance existe à hauteur d'homme.

Sur ce point l'évangile de Matthieu et celui de Luc apporteront la confirmation que cela va se produire du vivant de la génération des premiers destinataires. « En vérité je vous dis que cette génération ne passera pas avant que tout soit arrivé » (Mc 13, 30).

Quel est le Royaume qu'ils espèrent ?

Le Royaume attendu est celui qui doit rétablir l'ordre divin.

On pourra discuter sans fin la question de savoir si, d'après les textes, le Royaume de Dieu est à venir ou si, du point de vue de Jésus, il est déjà en train d'advenir, voire s'il était advenu du fait même de sa seule présence. Mais rien n'indique que Jésus ait pu entretenir une conception autre du Royaume. Céleste ou terrestre, c'est en tout cas très clairement le Royaume d'Israël.

C'est ce qu'ont compris les disciples de Jésus – de son vivant ou après sa mort. Grossie pour les besoins de la cause, la foule qui l'accueille à Jérusalem exprime bien cette idée puisqu'elle chante : « Hosanna ! Béni soit celui qui vient au nom du Seigneur ! Béni soit le Royaume qui vient de notre père David ! » (Mc 11, 9), invocation qui sera reprise par les trois autres évangiles sous des formulations voisines.

Et si après la mort de Jésus la première apparition de Jésus ressuscité se produit dans l'évangile de Luc au milieu des pèlerins d'Emmaüs, c'est qu'Emmaüs est le champ de bataille de la première victoire de Judas Maccabée avant sa reconquête du pays. « Nous espérions, disent-ils de Jésus, que c'était lui qui allait délivrer Israël » (Lc 24, 21). Leitmotiv qui inaugure les Actes des

Apôtres : « Seigneur, lui demande-t-on, est-ce maintenant le temps où tu vas restaurer la royauté en Israël ? » (Ac 1, 6).

C'est aussi ce qu'ont compris les Romains, – qu'ils aient eu de bonnes raisons de le craindre (mais les évangiles n'apportent pas beaucoup de pièces à ce dossier), ou que les grands-prêtres leur aient soufflé ce mobile politique pour se débarrasser d'un gêneur qui pouvait s'avérer dangereux pour l'équilibre fragile des pouvoirs.

Le fait le plus solide de l'ensemble du récit de la Passion tient en toutes lettres sur l'écriteau qui légende la crucifixion, « Roi des Juifs » – même si la menace incarnée par Jésus a pu n'être que d'ordre symbolique. Traduite dans la phraséologie juive l'accusation faisait de Jésus, après d'autres, un messie.

Après une exécution qui aurait dû suffire à décapiter définitivement le mouvement, l'hostilité des Romains ne cesse pas – en dépit de l'évangile de Marc qui voudrait que ce soit un centurion au pied de la croix qui s'écrie face au crucifié : « Vraiment cet homme était le Fils de Dieu » (Mc 15, 39)...

Comment les Romains ont-ils perçu les premiers chrétiens ?

Contrairement au panorama plutôt lénifiant que proposent les récits du Nouveau Testament, l'animosité des autorités de l'Empire s'étend alors à certains sectaires juifs adeptes de ce crucifié. « Race d'hommes d'une superstition nouvelle et malfaisante », écrit d'eux Suétone. Tacite n'est pas plus tendre à l'égard de ces « gens odieux en raison de leurs scandales que le vulgaire appelait *chrétiens* ».

Sous des dehors plus rassurants les Actes des Apôtres confirment que la désignation *christianoï* n'est pas venue de l'intérieur des premières communautés elles-mêmes, mais de l'extérieur : « C'est à Antioche que, pour la première fois, les disciples reçurent le nom de *chrétiens* » (Ac 11, 26).

Le mot « chrétien » dérive du grec *christos,* « christ », qui équivaut à l'hébreu « messie », mais celui qui a reçu l'onction royale ou sacerdotale peut aussi se traduire ironiquement par « l'huileux », « le barbouillé », « le gommé ». De l'insulte ou du sobriquet inventé par les païens pour se moquer des juifs qui espéraient le Messie, les chrétiens vont faire leur titre de gloire. Mais c'est un mot d'un usage très ambigu car immédiatement entaché d'anachronisme. Pendant tout le premier siècle, il ne renvoie en aucun cas à une religion distincte du judaïsme, mais à l'une des formes du judaïsme, et à une forme qui inquiète certains.

« Christ » est d'abord un mot dangereux qui explique l'étrange mise en garde prêtée à Jésus : « Vous serez haïs de tous à cause de mon nom » (Mc 13, 13). Cela permet aussi de comprendre une phrase de la *Grande Apologie* adressée à l'empereur Antonin vers 150 par Justin, l'un des premiers Pères de l'Église : « Nous disons les mêmes choses que les Grecs, et seuls nous sommes haïs pour le nom du Christ. Nous sommes innocents et on nous tue comme des scélérats. »

Jésus était-il le Messie ?

On lit à la fin de l'évangile de Jean que le livre a été mis par écrit « pour que vous croyiez que Jésus est le Christ » (Jean 22,31). Mais c'est formuler tout le projet des évangélistes. Projet gagnant au point que « Jésus-Christ » est devenu aujourd'hui le nom d'une personne, le nom propre de Jésus le Galiléen.

Jésus-Christ, pourtant, n'a jamais existé.

Jésus – personnage historique – est devenu, après sa mort, après la croyance en la résurrection, le Christ – figure théologique. De Jésus à Jésus-Christ, l'histoire est celle d'un processus graduel dont on peut suivre la mise au point dans les pages du Nouveau Testament.

Avant d'être transformé en Christ universel au sens chrétien du mot, venu pour le salut de tous les hommes, Jésus a-t-il voulu être, au sens juif du terme, un messie, l'envoyé divin chargé d'accomplir les promesses de Yavhé au Peuple élu ?

Comme d'autres juifs de Palestine du Ier siècle, Jésus devait attendre la venue du Messie – mais il faut savoir que cette espérance, récente, était alors minoritaire dans le judaïsme.

Comment savoir si Jésus s'est cru le messie qu'Israël attendait ?

Que Jésus se soit finalement prétendu ce messie, ou que d'autres aient placé en lui cet espoir, de son vivant déjà, la question est des plus controversées, et des plus délicates.

A moins de rêver de sonder son cœur et ses reins, personne ne peut répondre à la place de Jésus. Or Jésus n'a rien écrit, et les évangiles ne sont ni ses confessions ni ses mémoires.

Les évangiles, certes, le font parler, mais la façon dont le problème est posé est très paradoxale.

Autant il ne fait aucun doute que lorsque les évangélistes écrivent ils ont identifié sous Jésus la figure du
Christ, autant cette reconnaissance qui exprime leur
conviction et celle des communautés dont ils sont les
porte-parole n'est pas le fait de Jésus lui-même.

Il est en effet très frappant de constater que le personnage de Jésus, tel qu'ils le racontent, résiste à cette identification, au lieu d'en être l'instigateur.

« Tu es le Christ, le Fils du Béni ? » (Mc 14, 61) lui
demande le grand-prêtre. La première et unique fois où
Jésus acquiesce à la question se situe lors du procès
devant le Sanhédrin. « Je le suis », affirme-t-il (Mc 14,
62). Mais ce procès, à tous points de vue, n'a rien à voir
avec la vraisemblance historique, et le tribunal n'est
qu'une tribune pour la postérité. La transformation
qu'opèrent les deux autres évangiles synoptiques est
extrêmement révélatrice. Chez Matthieu, Jésus laisse à
son interlocuteur la responsabilité de cette identification :
« Tu l'as dit » (Mt 26, 64), réplique-t-il, et chez Luc il
est encore plus contourné : « Si je vous le dis vous ne
me croirez pas » (Lc 22, 67) (tour de phrase que reprend
à peu près Jean).

Plus tôt dans l'évangile de Marc, Jésus procède lui-
même à l'interrogatoire de ses disciples. Il n'est pas
moins embarrassé. « Qui suis-je, aux dires des gens ? »
Ils lui dirent : « Jean le Baptiste ; pour d'autres Élie ; pour
d'autres un des prophètes » – « Mais pour vous, leur
demandait-il, qui suis-je ? » Pierre lui répond : « Tu es
le Christ. » Alors il leur enjoignit de ne parler de lui à
personne (Mc 8, 27-30).

Comment interpréter cette consigne de silence ?

Certes invoquer le nom de Christ pouvait se retourner contre ceux qui le proféraient. Mais l'ordre de se taire nous renvoie-t-il à Jésus, au temps de Jésus ? Ou, trente à quarante ans plus tard, à l'époque de l'évangile ?

N'est-ce pas l'aveu que Jésus ne s'est jamais déclaré « messie » (il n'a d'ailleurs pas été condamné pour ce motif par les Romains) ? Sinon pourquoi ses proches puis les auteurs chrétiens se seraient-ils privés de cette référence de première main ?

Cela permet plutôt de supposer que la paternité du titre revient à d'autres, aux premiers disciples, à ceux qui, après sa mort, vont le vénérer comme un messie, comme un christ, et même comme le Christ.

Ce titre lui a été décerné après coup pour justifier sa résurrection et retourner son échec en victoire, pour l'introniser roi. C'est une onction posthume. Elle a fait de lui non seulement le messie qui est déjà venu (et qui est resté ignoré), mais le messie qui doit revenir, le messie dont il faut désormais attendre le retour glorieux.

En combien de temps cette transformation s'est-elle réalisée ?

Le processus de réinterprétation de la vie et de la mort de Jésus, la transformation du « Jésus de l'histoire » en « Christ de la foi » aura lieu assez rapidement. Le noyau dur de la confession de foi chrétienne (mais intégralement juive) sera solidifié au plus tard une vingtaine d'années après la crucifixion : il est sous-jacent au texte chrétien le plus ancien que nous connaissons, la première épître aux Thessaloniciens, en 51.

Quant aux phrases successives de cette réinterprétation, on pourrait procéder à leur reconstitution en suivant les quatre temps du discours de Pierre à la foule de Jérusalem au début des Actes des Apôtres.

Premier temps : l'accréditation par les actes. « Hommes d'Israël, écoutez ces paroles. Jésus le Nazôréen, cet homme que Dieu a accrédité auprès de vous par les miracles, prodiges et signes qu'il a opérés par lui au milieu de vous » (Ac 1, 22).

Deuxième temps : la certitude de la résurrection. « Dieu l'a ressuscité, le délivrant des affres de l'Hadès » (2, 24).

Troisième temps : l'élection comme Christ. « Que toute la Maison d'Israël le sache donc avec certitude : Dieu l'a fait Seigneur et Christ » (2, 36).

Quatrième temps : l'attente de la parousie. Dieu « enverra le Christ qui vous a été destiné, Jésus, celui que le ciel doit garder jusqu'aux temps de la restauration universelle dont Dieu a parlé par la bouche de ses saints prophètes » (3, 20-21).

« Qui suis-je, aux dires des gens ? » La célèbre formule de l'évangile de Marc pose une question qui s'est adressée grâce au truchement des disciples, au fil des siècles, au for intérieur des croyants.

Mais elle est, du point de vue du texte, un appareil de mesure. Elle permet d'enregistrer différentes images de Jésus, différentes réponses théologiques qui sont l'écho de la diversité de tendances du christianisme primitif.

Christ (ou messie) constitue ainsi l'une des figures disponibles dans la tradition juive pour surmonter et interpréter la disparition de Jésus. Mais d'autres vont entrer en concurrence : Élie, Prophète, nouveau Moïse, Serviteur souffrant, Fils de David, Agneau pascal, Fils de Dieu, Sauveur, Seigneur, Fils de l'Homme... Les titres vont s'épanouir ici ou s'effacer là pour finalement coexister à l'intérieur du Nouveau Testament, s'additionner et s'accumuler alors qu'ils s'opposaient, nous laissant en fait la trace des conflits d'interprétation auxquels l'attente du retour du Christ a donné prise.

Mais l'attente de son retour s'est prolongée...

Les années passent, et le retour en gloire de Jésus, la parousie, n'a pas lieu.

Déjà les chrétiens de Thessalonique vers le début des années 50, se désespèrent car certains commencent à mourir. L'apôtre Paul doit les convaincre que tous partageront le Royaume de Dieu.

« Nous les vivants, nous qui seront encore là pour l'avènement du Seigneur, nous ne devancerons pas ceux qui sont endormis. Car lui-même, le Seigneur, au signal donné par la voix de l'archange et la trompette de Dieu, descendra du ciel, et les morts qui sont dans le Christ ressusciteront en premier lieu ; après quoi nous les vivants, nous qui seront encore là, nous serons réunis à eux et emportés sur des nuées pour rencontrer le Seigneur dans les airs. Ainsi nous serons avec le Seigneur toujours » (I Th 4, 15-17).

« Quant aux temps et moments, vous n'avez pas besoin, frères, qu'on vous en écrive », poursuit Paul (I Th 5, 1). Pourtant un siècle plus tard environ, dans la seconde épître dite de Pierre, la situation n'aura fait qu'empirer.

Et l'auteur d'exhorter les chrétiens à la patience, de justifier l'attente qui s'éternise : « Devant le Seigneur un

jour est comme mille ans et mille ans comme un jour.
Le Seigneur ne retarde pas l'accomplissement de ce qu'il
a promis, comme certains l'accusent de retard, mais il
use de patience envers vous, voulant que personne ne
périsse, mais que tous arrivent au repentir. Il viendra le
jour du Seigneur comme un voleur, en ce jour les cieux
se dissiperont avec fracas, les éléments embrasés se dis-
soudront, la terre avec les œuvres qu'elle renferme sera
consumée » (II P 3, 9-10).

Entre-temps, les premiers chrétiens vont devoir faire
ce à quoi Jésus n'avait jamais pu songer : s'organiser,
instituer d'autres rites, écrire d'autres livres que la Bible,
mettre en place une orthodoxie concurrente à l'orthodoxie
pharisienne, convertir les craignant-Dieu, ces païens
gagnés au monothéisme dont le nombre et l'influence
vont s'accroître au point de rompre un jour, un jour prochain, avec le judaïsme qui avait été, pour Jésus, la seule
religion.

Jésus a-t-il inventé le christianisme ?

Jésus n'a pas inventé le christianisme. Il ne l'a même
pas envisagé. Il est né et mort juif sans autre horizon
qu'Israël. Paul non plus n'a pas inventé le christianisme.
Lui non plus n'a pas envisagé une religion autre que le
judaïsme, ne l'a pas définie. Sa volonté d'ouvrir le
judaïsme aux païens ne signifiait pas d'abandonner le
judaïsme mais, au contraire, de l'élargir jusqu'à l'universel.

Le christianisme n'a pas d'inventeur et n'est pas une
invention. C'est le produit d'une situation historique, la
chute du Temple de Jérusalem en 70, qui provoqua un

schisme dans le judaïsme. D'un côté se retrouvèrent les rabbins pharisiens qui le refondaient sur la base de leur lecture de la Torah, de l'autre de nombreux mouvements sectaires qui contestaient cette lecture et cherchaient à imposer la leur. En trente ans à peine les juifs fidèles à l'orthodoxie pharisienne se sépareront des hérétiques, ceux qui reconnaissaient Jean le Baptiste comme le Messie, ceux pour qui c'était Jésus, ceux pour qui seule la Connaissance, la Gnose, menait à Dieu.

Le christianisme est d'abord une hérésie du judaïsme rabbinique. Et, comme toutes les hérésies, elle s'est constituée par une opposition de plus en plus radicale vis-à-vis de sa souche mère. Non seulement les Juifs deviendront « les autres » pour les chrétiens, les adversaires à l'intérieur du judaïsme, puis les ennemis à l'extérieur, au point d'apparaître comme l'incarnation même du mal absolu, de passer pour le peuple déicide...

Jésus était-il homme ou Dieu ?

Même du point de vue chrétien, Jésus n'est pas seulement – si l'on ose dire – Dieu. Ce statut incomparable résulte d'une histoire dans laquelle les épîtres attribuées à l'apôtre Paul ont joué un rôle décisif.

En apparaissant à quelques uns, Jésus ressuscité, disent littéralement tous les textes grecs, « s'est fait voir ». La chair s'est faite verbe. Le verbe grec est celui-là même qu'employaient les vieux auteurs de la Bible pour nommer les manifestations de Yavhé. Aussi un lecteur juif ne pouvait qu'être sensible à l'association d'idées, au glissement qui allait irrésistiblement voir en Jésus, pauvre Galiléen crucifié sous Ponce Pilate, un envoyé, l'homme de Dieu.

D'être considéré comme « Fils de Dieu » – ce qui avait à l'origine une acception beaucoup moins restrictive que la conception quasi biologique que nous entendons désormais – a permis en fait à la figure de Jésus, condamné pourtant comme « roi des Juifs », d'échapper à la tradition des prophètes qui parlent au nom de Yavhé, et des messies qui viennent installer son Royaume. Le mot « christ » qui n'avait pas grand sens hors de la pensée juive va même créer une frontière infranchissable entre le judaïsme et le christianisme.

Surtout, de l'évangile de Marc à celui de Jean, en une vingtaine ou une trentaine d'années seulement, le fils de Dieu apparaîtra de moins en moins comme l'un de ses enfants mais comme son descendant sur terre, son représentant, l'incarnation de Dieu, Dieu fait homme. Dieu que l'on ne peut ni regarder ni nommer si l'on est juif, Dieu auquel un juif inconnu allait pourtant donner son visage, mais un visage que nous ne connaissons pas.

Il ne faut jamais oublier que la théologie disparate et plus d'une fois contradictoire des 27 livres du Nouveau Testament s'est édifiée contre deux périls originels aussi redoutables dont ils portent toujours la marque.

Voir en Jésus un sage, un rabbi, un prophète, risquait de n'en faire qu'un homme parmi les autres, et seulement un homme – tant et si bien que l'annonce de sa résurrection n'a pas entraîné l'unanimité des premiers chrétiens eux-mêmes. Quant à voir Dieu à travers Jésus, cela risquait tout autant d'en faire un esprit, un être qui n'avait pas existé, un être qui n'avait pas souffert. Ainsi les deux attitudes ont-elles dû, dès que possible, être bannies comme hérétiques.

Homme ou Dieu : la question n'engage donc pas – pas

seulement – les convictions de chacun. La question traverse de part en part la littérature chrétienne primitive – avant qu'elle ne soit scindée en écrits canoniques et en écrits apocryphes.

Les textes ne laissent donc pas au lecteur sa liberté d'opinion. Leur but est de faire de Jésus un être divin, et du lecteur un croyant. Contrairement aux apparences, les évangiles ne sont pas des livres d'histoire (ni même des documents à l'intérieur desquels on pourrait départager avec sûreté ce qui est historique de ce qui ne l'est pas). Les évangiles sont des livres de théologie, des livres dans lesquels tout, les situations les plus retentissantes comme les moindres détails, est susceptible d'être, et souvent à notre insu, théologique.

Ce sont des livres faits de papyrus et d'encre, de papier et de mots, des livres dont les auteurs, quels que soient leur identité et leur nombre, quels que soient leur naïveté, leur désordre ou leur souci de la composition, leur grâce, leur art, sont des écrivains. Ces livres, qui n'ont jamais été contemporains des épisodes qu'ils relatent avec tellement d'évidence, constituent nos seules archives, l'unique moyen de parvenir à remonter le temps.

Le plus extraordinaire c'est que les écrits rassemblés (ou non) par le Nouveau Testament n'ont pas fait table rase des débats, des disputes, des hésitations, des oppositions dont ils étaient les témoins vivants. Les lire, en sachant que tout ce que nous pouvons savoir viendra d'abord de leur lecture, c'est voir qu'ils se heurtent sans fin à l'impossibilité de conclure, qu'ils sont travaillés, et beaucoup plus qu'on ne le pense, par le doute et l'incertitude.

INDEX

CHOIX BIBLIOGRAPHIQUE

P. BENOÎT et M.-E. BOISMARD (dir.), *Synopse des quatre évangiles, Textes*, Éd. du Cerf, 1997.

Pierre-Antoine BERNHEIM, *Jacques, frère de Jésus*, Noésis, 1996 et Albin Michel, 2003.

Hugues COUSIN, Jean-Pierre LÉMONON, Jean MASSONNET (dir.), *Le monde où vivait Jésus*, Éd. du Cerf, rééd., 2004.

Davis FLUSSER, *Les Sources juives du christianisme*, Éd. de l'Éclat, 2003.

Paula FREDRIKSEN, *De Jésus aux Christs*, Éd. du Cerf, 1992.

Pierre GEOLTRAIN (éd.), *Aux origines du christianisme*, Éd. Gallimard, coll. « Folio » et *Le monde de la Bible*, 2000.

Charles GUIGNEBERT, *Jésus*, Albin Michel, 1969.

Simon LÉGASSE, *Le Procès de Jésus*, Éd. du Cerf, 1994.

Xavier LÉON-DUFOUR, *Dictionnaire du Nouveau Testament*, Éd. du Seuil, 1975.

Alfred LOISY, *L'Évangile et l'Église*, suivi de *Autour d'un petit livre* et de *Jésus et la tradition évangélique*, présenté par Gérard Mordillat et Jérôme Prieur, Noésis/Agnès Viénot éditions, 2001.

Daniel MARGUERAT (dir.), *Le Déchirement. Juifs et chrétiens au premier siècle*, Labor et Fides, 1996.

Daniel MARGUERAT, Enrico NORELLI, Jean-Michel POFFET (dir.), *Jésus de Nazareth, nouvelles approches d'une énigme*, Labor et Fides, 1998.

Gérard MORDILLAT et Jérôme PRIEUR, *Jésus contre Jésus*, Éd. du Seuil, 1999 et « Points », 2000.

Charles PERROT, *Jésus et l'histoire*, Desclée, 1993.

Michel QUESNEL et Philippe GRUSON (dir.), *La Bible et sa culture : Jésus et le Nouveau Testament*, Desclée de Brouwer, 2000.

Graham STANTON, *Parole d'Évangile ?*, Éd. du Cerf, 1997.

Gerd THEISSEN, *Histoire sociale du christianisme primitif*, Labor et Fides, 1996.

Geza VERMÈS, *Jésus le juif*, Desclée, 1978.

François VOUGA, *Les Premiers Pas du christianisme*, Labor et Fides, 1998.

TABLE

DES MÊMES AUTEURS

Corpus Christi
Enquête sur l'écriture des évangiles
Mille et une Nuits / Arte éditions, 1998

Jésus contre Jésus
Seuil, 1999, « Points Seuil », n° 800, 2000

Jésus après Jésus
Essai sur l'origine du christianisme
Seuil, 2004

EXTRAIT DU CATALOGUE

Albin Michel Spiritualités / grand format

De l'amour des ennemis et autres méditations sur la guerre et la politique, d'Olivier Abel.

Quand le pape demande pardon, de Luigi Accattoli.

« Moi, je ne juge personne ! » L'Évangile au-delà de la morale, de Lytta Basset.

La Résistance spirituelle 1941-1944. Les cahiers clandestins du Témoignage chrétien. Textes présentés par François et Renée Bédarida.

Le Bon Pape Jean. Jean XXIII, la biographie, de Mario Benigni et Goffredo Zanchi.

Manifeste pour une Renaissance, de Bernard Besret.

Celle qui gardait toute chose en son cœur, de Roger Bichelberger.

L'Évangile de Véronique, de Françoise d'Eaubonne.

Fonctionnaires de Dieu, d'Eugen Drewermann.

Dieu en toute liberté, d'Eugen Drewermann.

La Vie de saint François d'Assise, d'Omer Englebert.

La Fleur des saints, d'Omer Englebert.

Prêtre au Cambodge. François Ponchaud, l'homme qui révéla au monde le génocide, de Benoît Fidelin.

Jésus, le Maître intérieur, de Laurence Freeman, préfacé par le Dalaï-Lama.

Le Désir et la Tendresse. Pour une éthique chrétienne de la sexualité, d'Éric Fuchs.

Profession théologien. Quelle pensée chrétienne pour le XXIᵉ siècle ?, de Claude Geffré.

Petit traité de spiritualité au quotidien, d'Anselm Grün.

Invitation à la sérénité du cœur, d'Anselm Grün.

Petite méditation sur les fêtes de Noël, d'Anselm Grün.

Chacun cherche son ange, d'Anselm Grün.

Petit manuel de la guérison intérieure, d'Anselm Grün.

Petite méditation sur le mystère de l'amitié, d'Anselm Grün.

Les Traités, le Poème, de Maître Eckhart, traduits et présentés par Gwendoline Jarczyk et Pierre-Jean Labarrière.

Maître Eckhart ou l'empreinte du désert, de Gwendoline Jarczyk et Pierre-Jean Labarrière.

L'Autre Messie. L'extraordinaire révélation des manuscrits de la mer Morte, d'Israël Knohl.

Le Grand Livre du Cantique des cantiques, de Frank Lalou et Patrick Calame.

Le Testament de saint Luc, de Thierry Leroy.

Le Baptiseur, de Thierry Leroy.

Jésus rendu aux siens. Enquête en Israël sur une énigme de vingt siècles, de Salomon Malka.

Dieu et la révolution du dialogue. L'ère des échanges entre les religions, de Jean Mouttapa.

Éloge du simple. Le moine comme archétype universel, de Raimon Panikkar.

La Bible oubliée. Les apocryphes de l'Ancien et du Nouveau Testament de J.R. Porter.

Comme un veilleur attend la paix, d'Hubert Prolongeau. Entretiens avec Émile Shoufani.

Ma part de gravité. Un itinéraire entre Évangile et actualité, de Gabriel Ringlet.

Voyage en Galilée, d'Émile Shoufani. Photographies Hanan Isachar.

Les Dix Commandements, Joseph Sitruk, Jean-Charles Thomas et Dalil Boubakeur.

Humanisme et mystique, d'Albert Schweitzer, textes choisis et présentés par Jean-Paul Sorg.

Alliance de Feu. Une lecture chrétienne du texte hébreu de la Genèse, Tome I, d'Annick de Souzenelle.

Alliance de Feu. Une lecture chrétienne du texte hébreu de la Genèse, Tome II, d'Annick de Souzenelle.

La Lettre, chemin de vie, d'Annick de Souzenelle.

Résonances bibliques, d'Annick de Souzenelle.

Les Deux Visages de Dieu. Une lecture agnostique du Credo, de Michel Théron.

Il n'y a pas d'avenir sans pardon, de Desmond Tutu.

Petit lexique des mots essentiels, d'Odon Vallet.

Petit lexique des guerres de religions d'hier et d'aujourd'hui, d'Odon Vallet.

L'Évangile des païens. Une lecture laïque de l'Évangile de Luc, d'Odon Vallet.

Le Juif Jésus et le Shabbat, de Marie Vidal.

Célébrations

Célébration de l'Inespéré, de Didier Decoin et Éliane Gondinet.

Célébration de la Pauvreté, regards sur François d'Assise, de Xavier Emmanuelli et Michel Feuillet.

Célébration de la Paternité, de Sylvie Germain et Éliane Gondinet.

Célébration de la Rencontre, de Frédérique Hébrard et Paule Amblard.

Célébration de le Mère, regards sur Marie, de Colette Nys-Mazure et Éliane Gondinet-Wallstein.

Célébration de la Lumière, d'Émile Shoufani et Christine Pellistrandi.

Célébration de l'Offrande, de Michel Tournier et Christian Jamet.

Les Carnets du calligraphe

L'Évangile de Thomas, traduit par Jean-Yves Leloup, calligraphies de Frank Lalou.

Le Cantique des créatures, de saint François d'Assise, calligraphies de Frank Missant

Le Dieu des hirondelles. Poèmes de Victor Hugo présentés par Robert Sabatier, calligraphies de Claude Mediavilla.

Tous les désirs de l'âme. Poèmes d'Arménie traduits par Godel, calligraphies de Achot Achot.

La Rose est sans pourquoi, de Angelus Silésius, préface de Christiane Singer, calligraphies de Vincent Geneslay.

Reproduction photomécanique
et impression Bussière Camedan Imprimeries
en mars 2004.

N° d'édition : 22417. – N° d'impression : 040040/1.
Dépôt légal : avril 2004.
Imprimé en France.